Dados Internacionais de Catalogação na Publicação (CIP)
(Câmara Brasileira do Livro, SP, Brasil)

Weihs, Alexander
   Conheça a Bíblia / Alexander Weihs ; com ilustrações de Ute Thönissen ; [tradução Paulo Ferreira Valério]. – São Paulo : Paulinas, 2010.

   Título original: Alles rund um die Bibel.
   ISBN 978-85-356-2599-8

   1. Histórias bíblicas 2. Literatura infantojuvenil I. Thönissen, Ute. II. Título.

10-01442   CDD-028.5

Índice para catálogo sistemático:
1. Bíblia : Histórias : Literatura infantojuvenil 028.5

© Alexander Weihs, Alles rund um die Bibel. 66 Fragen und Antworten ilustrated by Ute Thönissen
© 2008 Verlag Herder GmbH, Freiburg im Breisgau/Weib-Freiburg GmbH – Grafik & Buchgestaltung

1ª edição – 2010
2ª reimpressão – 2024

Direção-geral
Flávia Reginatto

Editores responsáveis
Vera Ivanise Bombonatto
Matthias Grenzer

Tradução
Paulo Ferreira Valério

Copidesque
Maria Goretti de Oliveira
Cirano Dias Pelin

Coordenação de revisão
Marina Mendonça

Revisão
Leonilda Menossi
Ana Cecilia Mari

Direção de arte
Irma Cipriani

Gerente de produção
Felício Calegaro Neto

Produção de arte
Telma Custódio

Nenhuma parte desta obra poderá ser reproduzida ou transmitida por qualquer forma e/ou quaisquer meios (eletrônico ou mecânico, incluindo fotocópia e gravação) ou arquivada em qualquer sistema ou banco de dados sem permissão escrita da Editora. Direitos reservados.

Cadastre-se e receba nossas informações
www.paulinas.com.br
Telemarketing e SAC: 0800-7010081

Paulinas
Rua Dona Inácia Uchoa, 62
04110-020 – São Paulo – SP (Brasil)
📞 (11) 2125-3500
✉ editora@paulinas.com.br

© Pia Sociedade Filhas de São Paulo – São Paulo, 2010

ALEXANDER WEIHS

Conheça a Bíblia

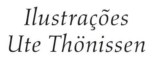

Ilustrações
Ute Thönissen

Sumário

Conheça a Bíblia

O que quer dizer "Bíblia"? 10

Por que a Bíblia é chamada
"Livro dos Livros"? 10

O que narra a Bíblia? 12

Você precisa de uma visão geral? 14

Como surgiu a Bíblia? 16

Em que línguas a Bíblia foi escrita? 17

Quem decidiu quais textos
ficariam na Bíblia? 18

Como orientar-se na Bíblia? 18

A Bíblia foi sempre um livro? 20

Qual a diferença
entre papiro e pergaminho? 21

O que os mosteiros têm a ver com
o surgimento das Bíblias? 22

Desde quando existem Bíblias em papel? . .23

O que há de especial em Bíblias
para crianças? .24

Conheça o Antigo Testamento

O que é o Antigo Testamento? 26

Do que trata o Antigo Testamento? 27

Como Deus fez o mundo? 28

Que plantas são citadas na Bíblia? 30

Que animais são citados na Bíblia? 31

Como o povo de Israel chegou
a este nome? .32

Quais os mandamentos que se encontram
no Antigo Testamento? 34

Do que tratam os livros históricos? 36

O que aconteceu depois
com o povo de Israel? 37

Como viviam as pessoas naquele tempo? . .38

Onde aconteceu o quê? 40

Quem foram Rute e Noemi? 42

Quem foram Tobias, Judite e Ester? 43

Por que a Bíblia também
contém poemas? 44

Quem foram os profetas? 46

Conheça o Novo Testamento

O que é o Novo Testamento? 48

O que há de novo no Novo
Testamento? 49

O que é um Evangelho? 50

Os evangelistas copiaram uns
dos outros? 50

Quem foi o evangelista Lucas? 51

Jesus existiu realmente? 52

Jesus também leu a Bíblia? 52

Como as crianças aprendiam no tempo
de Jesus? 53

Como as crianças brincavam
no tempo de Jesus? 53

O que sabemos sobre o
nascimento de Jesus? 54

Sumário

Por que os cristãos celebram o Natal? 54
Jesus é um nome especial? 56
O que era mais importante para Jesus? 56
Onde aconteceu o quê? 57
Como as pessoas devem se tratar mutuamente? 58
Como alguém pode ficar perto de Deus? . .59
Existe uma oração especial? 59
Jesus frequentava a igreja? 60
Jesus foi um mago? 62
Como se pode saciar 5000 pessoas com 5 pães? 63
Por que Jesus contou parábolas? 64
O que é um bom pastor? 65
Por que Jesus teve de morrer? 66
Como Jesus morreu? 66
Como eram sepultados os mortos no tempo de Jesus? .67
O que significa a Ressurreição? 68
O que celebramos na Páscoa? 69
Como surgiram as primeiras comunidades?. .70
Como surgiu a Igreja? 71
Para que Jesus precisou de apóstolos? 71
Por que Paulo escreveu tantas cartas? 72
Todos os cristãos tinham, no começo, um amigo de correspondência? 72
Paulo estava apaixonado? 74
Por onde andou Paulo? 75
O que diz a Bíblia sobre o futuro? 76
Existe uma solução para os enigmas do Apocalipse de João? 77
O que aconteceu depois com o Cristianismo? 77

Conheça a Bíblia

O que quer dizer "Bíblia"?

A palavra *Bíblia* deriva do termo grego *biblos*. Traduzido, significa simplesmente *livro*. A cidade portuária libanesa de Biblos abastecia o mundo antigo com o papiro, o mais importante material usado na escrita. Talvez por isso, entre os gregos, livro se diz *biblos*.

Para os cristãos, a Bíblia é um livro muito especial, o mais importante de todos. Eles o chamam de *Sagrada Escritura* e *Palavra de Deus*.

Você sabia que a palavra Bíblia não aparece nenhuma vez na Bíblia? Ali se fala de Palavra de Deus, de Escrituras ou de Cartas.

Por que a Bíblia é chamada "Livro dos Livros"?

A Bíblia não está dividida apenas em duas partes, simplesmente em Antigo e Novo Testamento. Nela está reunida uma grande quantidade de escritos e de livros. Na verdade, a Bíblia é uma biblioteca. O Antigo Testamento se compõe de 46 livros distintos; o Novo Testamento, de 27. Por conseguinte, a primeira parte da Bíblia é muito mais extensa do que a segunda. Levando-se em conta o número de páginas, o Antigo Testamento é quase quatro vezes maior do que o Novo Testamento.

Cada um dos livros da Bíblia foi escrito em tempos diferentes e a partir de diversas circunstâncias. Muitos deles, porém, conservam memórias e experiências que se deram entre o povo e Deus – dos israelitas até os primeiros cristãos.

Assim como é possível fazer experiências com Deus de várias maneiras, também os textos que narram essas experiências são completamente diversos. Alguns dos livros bíblicos são bastante breves e outros, muito longos. Há cartas e livros históricos, narrativas e regras de vida, canções e orações, textos proféticos e leis.

Visto que a Bíblia é um livro tão especial, existem também edições dela excepcionalmente esplêndidas. Algumas são em couro, incrustadas com ouro ou com pedras preciosas. Em antigos mosteiros, podemos admirar esses exemplares magníficos.

Há Bíblias pequenas e grandes, edições completas ou parciais, nas quais figura apenas o Antigo ou o Novo Testamento.

Conheça a Bíblia

O que narra a Bíblia?

A Bíblia cristã se divide em duas grandes partes, sendo os escritos da primeira parte aceitos tanto pelos judeus quanto pelos cristãos. É que, de fato, o Cristianismo surgiu do Judaísmo. Os cristãos chamam a primeira parte da Bíblia de *Antigo Testamento*. É também designada como *Bíblia Hebraica*. Para os crentes judeus, somente tais escritos constituem a Sagrada Escritura.

Os textos do Antigo Testamento remontam até as raízes da história judaica e narram o caminho do povo de Israel. Aqui se conta como Deus criou o mundo e as pessoas, como cuida deles, como elege o povo de Israel e o auxilia.

Histórias da criação
No início da Bíblia encontramos narrativas que tratam de como Deus criou o mundo e as pessoas.

Narrativas emocionantes
Na Bíblia há diversas histórias emocionantes como, por exemplo, a história de José, que, por culpa de seus irmãos, foi arrastado para a escravidão, mas que, posteriormente, no Egito, se tornou um grande estadista e, no final, salvou seu pai, seus irmãos e todo o povo de Israel de um período de grande escassez.

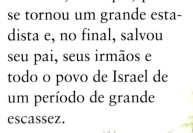

Os cristãos acreditam que Deus queria ficar particularmente perto das pessoas de maneira bem específica. Acreditam que Deus mesmo se fez homem. Este homem é Jesus de Nazaré. Os cristãos o chamam de Jesus Cristo, que significa: Jesus, o Ungido do Senhor. Ele viveu há mais de 2000 anos e era judeu.

Os escritos do *Novo Testamento*, portanto, a segunda parte da Bíblia cristã, falam dele. Narram acerca de seu nascimento, que celebramos no Natal, de seus discursos e de seu comportamento, de sua vida, morte e ressurreição, que é relembrada pela Páscoa. Ali se relatam também o que aconteceu com as pessoas que seguiram Jesus e como se formaram as primeiras comunidades cristãs.

Narrativas históricas
O Antigo Testamento está cheio de relatos tirados da história do povo de Israel: fala de grandes reis, de importantes sábios conselheiros, de sucessos bélicos e de derrotas, como também de acontecimentos pacíficos, como a construção do Templo de Jerusalém, por exemplo.

Conheça a Bíblia

Advertências e promessas proféticas

Vários livros do Antigo Testamento tratam do surgimento dos profetas. Eles eram homens que tinham um relacionamento particularmente estreito com Deus, recebendo dele o encargo de anunciar a Palavra.

Narrativas sobre Jesus

Os quatro primeiros livros do Novo Testamento se chamam Evangelhos. Eles informam sobre Jesus: contam o que ele disse e fez, como viveu, morreu e como ressuscitou, mostrando, assim, qual a sua importância.

Regras de vida e leis

Em alguns escritos bíblicos, encontramos regras de vida e leis que mostram como as pessoas devem se comportar e o que é certo ou errado. Especialmente importantes são os Dez Mandamentos.

Relatos sobre as primeiras comunidades cristãs

Em diversos relatos individuais, um livro do Novo Testamento se ocupa do que aconteceu com os seguidores de Jesus e de como surgiu a Igreja primitiva. Tal livro se chama Atos dos Apóstolos.

Canções, hinos, poesias e ditos sapienciais

No Antigo Testamento há muitas canções e hinos maravilhosos: os Salmos. Ainda hoje são cantados por orantes individuais e na liturgia. Paralelamente, encontramos também ditos sapienciais e provérbios.

Cartas

No Novo Testamento encontramos toda uma série de Cartas. Algumas são bastante longas, outras muito breves. Elas foram escritas pelos seguidores de Jesus e endereçadas às primeiras comunidades cristãs.

Conheça a Bíblia

Você precisa de uma visão geral?

No princípio de todos os tempos, Deus criou o mundo. Ele o fez muito bonito.

Por volta de 870-850 a.C., o profeta Elias atua no reino do Norte.

Por volta de 1800 a.C., atendendo ao chamado de Deus, Abraão sai de Ur, na Caldeia, rumo a Canaã, para a Terra Prometida.

Em torno de 740 a.C., em Jerusalém, Isaías é chamado por Deus para ser profeta.

Entre 1800 e 1600 a.C., vivem os patriarcas Abraão, Isaac e Jacó. Jacó tem 12 filhos. Seus filhos e seus netos formam as 12 tribos de Israel.

Por volta de 721 a.C., os assírios conquistam Israel. Com isso, cai o reino do Norte. Cerca de 701, Jerusalém também é sitiada.

Cerca de 1250 a.C., os israelitas foram escravos no Egito. Deus possibilita-lhes a fuga. Moisés os conduz através do deserto do Sinai para a Terra Prometida.

Entre 586-538 a.C., os babilônios conquistam e destroem Jerusalém e o templo. O povo de Israel deve exilar-se.

Aproximadamente entre 1050-930 a.C., Saul, Davi e Salomão se tornam reis. Davi faz de Jerusalém a capital. Salomão constrói o primeiro templo em Jerusalém.

No ano 538 a.C., o rei persa Ciro conquista a Babilônia. Os judeus podem voltar para casa e reconstruir seu templo em Jerusalém.

Em 931 a.C., o reino de Salomão se desintegra em duas partes: Israel (o reino do Norte) e Judá (o reino do Sul).

De 332 até cerca de 140 a.C., os descendentes do rei grego Alexandre, o Grande, lutam pelo domínio da Palestina.

Conheça a Bíblia

Por volta de 250 a.C., começa o trabalho de tradução grega (a *Septuaginta*) da Bíblia Hebraica.

Pouco tempo depois, Jesus ressuscitado encontra os discípulos. Eles recebem o Espírito Santo. Nasce a Igreja.

Em 167 a.C., Judas Macabeus luta contra os dominadores selêucidas. Em 164 o templo foi novamente dedicado.

Por volta do ano 47 d.C., Paulo empreende a primeira de três viagens missionárias. Surgem comunidades cristãs em Roma, Grécia e Ásia Menor.

No ano 63 a.C., Pompeu destrói Jerusalém. A Palestina cai sob o domínio romano.

Cerca do ano 48 d.C., tomou-se uma decisão importante: os pagãos podem vir a ser cristãos sem que precisem tornar-se previamente judeus.

Aproximadamente no ano 6 a.C., nasce Jesus. Com cerca de 12 anos, discute com os mestres da Lei no templo.

Entre os anos 50 e 120 d.C., aparecem os escritos do Novo Testamento.

Por volta do ano 27 d.C., Jesus é batizado no Jordão. Chama diversos discípulos. Fala do Reino de Deus.

No ano 70 d.C., o imperador romano Tito conquista Jerusalém e destrói o templo, que nunca mais foi reconstruído. Em 135 d.C., os judeus foram expulsos até mesmo de Jerusalém.

No ano 30 d.C., Jesus vai a Jerusalém por ocasião da festa da páscoa. Celebra a ceia com seus amigos. É condenado à morte e morre na cruz.

Em 311 d.C., termina a perseguição dos cristãos por parte do Império Romano.

Como surgiu a Bíblia?

Ainda hoje ninguém sabe dizer exatamente quando e de que maneira foram escritas as mais antigas histórias da Bíblia. Os estudiosos estão convencidos de que muitas dentre as histórias bíblicas foram transmitidas oralmente durante muito tempo.

Pode-se muito bem imaginar que, antigamente, no Oriente, as pessoas se sentavam à beira da fogueira e contavam histórias – por exemplo, as histórias da origem do mundo. Tais narrativas foram transmitidas pelos pais a seus filhos, e assim sucessivamente. Com certeza as pessoas também cantaram juntas. Tal como as histórias, assim também diversas canções foram passadas de geração em geração. De maneira semelhante, inicialmente, os discípulos de profetas e de mestres de sabedoria transmitiram oralmente seus ensinamentos.

A fim de que as mais importantes destas histórias, ensinamentos e canções não caíssem no esquecimento, finalmente se começou a escrevê-los. Os primeiros desses escritos surgiram provavelmente durante o tempo do império do rei Davi. Isto foi há mais ou menos 3000 anos.

Hoje em dia, praticamente não se pode mais dizer quem redigiu diversos dos livros da Bíblia. Isso se deve, acima de tudo, ao fato de que, para os crentes, o *conteúdo* dos escritos era mais importante do que as indicações precisas de seus autores.

Vários livros da Bíblia têm o nome de uma pessoa. Mas, muitas vezes, aquele que empresta o nome ao livro não é necessariamente seu o autor.

Assim, a maioria dos livros proféticos traz o nome do próprio profeta, ainda que apenas seus discípulos tenham compilado o livro correspondente.

Os livros narrativos são frequentemente designados conforme o personagem principal: por exemplo, de acordo com o teimoso profeta *Jonas*, com o afligido e temente a Deus *Jó*, com a corajosa rainha *Ester* ou com a piedosa e inteligente judia *Judite*.

O título de diversas cartas neotestamentárias mostra a quem foram endereçadas: *aos Romanos, aos Coríntios, aos Filipenses, aos Tessalonicenses* etc.

Além disso, diversos livros bíblicos remontam não a um único autor apenas, pois são coleções de histórias, narrativas, leis e canções. Inúmeros textos antigos, de procedência diversa, foram reunidos em um livro. Não sabemos os nomes dos compiladores. Mas podemos dizer que fizeram um trabalho muito bom. Sem a atividade colecionadora deles, não existiria de maneira alguma a Bíblia em sua forma atual!

Por conseguinte, inúmeras e diferentes pessoas contribuíram para o surgimento dos escritos da Bíblia.

Conheça a Bíblia

Em que línguas a Bíblia foi escrita?

A Bíblia não foi escrita de uma só vez. Ao contrário, seus escritos surgiram gradativamente, ao longo de várias gerações. As pessoas do Oriente Próximo (assim denominamos hoje a região na qual surgiram os escritos bíblicos), durante esse longo período de tempo, estiveram expostas a muitas transformações políticas e culturais. Povos estrangeiros invadiam e tomavam o poder. Dominadores chegavam e desapareciam. Em consequência disso, mudavam as circunstâncias da vida e os costumes, até mesmo a língua do povo.

No correr do tempo, foram utilizadas três línguas diferentes a fim de relatar as experiências que se deram entre o povo e Deus. Tais línguas são: hebraico, aramaico e grego.

O Antigo Testamento foi, em sua maior parte, redigido em hebraico. O abecedário hebraico é denominado *Alefbet*, a partir de suas duas primeiras letras. É formado exclusivamente por consoantes. As vogais devem ser conhecidas previamente. Ademais, o hebraico não é lido como a maioria das línguas, isto é, da esquerda para a direita, mas sim da direita para a esquerda.

A segunda língua bíblica é o aramaico. É estreitamente aparentada ao hebraico. No tempo de Jesus, era a língua cotidiana dos judeus. Algumas seções dos livros de Daniel e de Esdras foram escritas em aramaico.

Todos os escritos do Novo Testamento e também alguns da parte mais recente do Antigo Testamento foram redigidos em grego. Nos séculos que antecederam e que se sucederam ao nascimento de Jesus, o grego era uma língua universal, mais ou menos como o inglês atualmente.

Quem decidiu quais textos ficariam na Bíblia?

O rápido crescimento do Cristianismo no Império Romano fez com que os cristãos da Antiguidade sentissem a necessidade de fazer acordos. Durante muito tempo, conservaram-se os livros e as cartas cristãs, reunidos já em coleções. Desde o séc. II d.C. discutia-se acerca de quais escritos deveriam ser normativos para todos. No final do séc. IV d.C., os mais importantes líderes das Igrejas se encontraram a fim de decidir definitivamente o que deveria entrar na Bíblia. Estava claro, desde o início, que se queria que, nesse processo, os antigos escritos sagrados judeus fossem juntados aos recém-surgidos livros cristãos. Nos sínodos norte-africanos de Hipona (no ano 393) e de Cartago (no ano 397) se estabeleceram quais escritos deveriam pertencer ao Antigo ou ao Novo Testamento.

Você sabia que não há nenhum livro que tenha sido mais impresso do que a Bíblia? Atualmente, a cada ano, pelo mundo afora, são produzidos mais de 21 milhões de exemplares. E, naturalmente, a Bíblia existe hoje também nos mais diversos formatos, como audiolivro, Bíblia para crianças e até mesmo como programa de computador.

Como orientar-se na Bíblia?

A Bíblia é um livro bastante espesso. Uma edição da Bíblia pode chegar a mais de 1200 páginas, contendo mais de 3,5 milhões de caracteres. Por conseguinte, não é fácil, inicialmente, manter uma visão de conjunto e orientar-se.

De qualquer maneira, em todas as edições atuais da Bíblia existe um sistema que ajuda o leitor a obter uma visão de conjunto. Pode também ajudar a encontrar passagens importantes da Bíblia.

Toda Bíblia traz no começo um *índice*. Nele estão catalogados cada um dos livros bíblicos com a correspondente indicação de páginas. Com a ajuda dessas indicações de páginas, podemos encontrar o livro rapidamente.

No início de um livro figura, primeiramente, em letras maiúsculas, o *nome do livro*. Cada um deles é dividido em capítulos e versículos. Os capítulos são indicados por números grandes, impressos em negrito, enquanto os versículos aparecem em números menores, escritos em itálico ou elevados.

Quando peritos indicam passagens bíblicas, frequentemente abreviam os nomes dos livros. A abreviação *Mc* significa, por exemplo, *Evangelho segundo Marcos*.

Exemplificando: a história de Noé e do dilúvio se encontra no Livro do Gênesis. Começa no capítulo 6, versículo 9, e termina no capítulo 9, versículo 17. Abreviadamente, escrevemos: Gn 6,9–9,17.

Índice dos livros bíblicos e suas abreviaturas

Antigo Testamento

Gn	Livro do Gênesis
Ex	Livro do Êxodo
Lv	Livro do Levítico
Nm	Livro dos Números
Dt	Livro do Deuteronômio
Js	Livro de Josué
Jz	Livro dos Juízes
Rt	Livro de Rute
1Sm	Primeiro Livro de Samuel
2Sm	Segundo Livro de Samuel
1Rs	Primeiro Livro dos Reis
2Rs	Segundo Livro dos Reis
1Cr	Primeiro Livro das Crônicas
2Cr	Segundo Livro das Crônicas
Esd	Livro de Esdras
Ne	Livro de Neemias
Tb	Livro de Tobias
Jt	Livro de Judite
Est	Livro de Ester
1Mc	Primeiro Livro dos Macabeus
2Mc	Segundo Livro dos Macabeus
Jó	Livro de Jó
Sl	Livro dos Salmos
Pr	Livro dos Provérbios
Ecl	Livro do Eclesiastes
Ct	Cântico dos Cânticos
Sb	Livro da Sabedoria
Eclo	Livro do Eclesiástico
Is	Livro de Isaías
Jr	Livro de Jeremias
Lm	Lamentações
Br	Livro de Baruc
Ez	Livro de Ezequiel
Dn	Livro de Daniel
Os	Livro de Oseias
Jl	Livro de Joel
Am	Livro de Amós
Ab	Livro de Abdias
Jn	Livro de Jonas
Mq	Livro de Miqueias
Na	Livro de Naum
Hab	Livro de Habacuc
Sf	Livro de Sofonias
Ag	Livro de Ageu
Zc	Livro de Zacarias
Ml	Livro de Malaquias

Novo Testamento

Mt	Evangelho segundo Mateus
Mc	Evangelho segundo Marcos
Lc	Evangelho segundo Lucas
Jo	Evangelho segundo João
At	Atos dos Apóstolos
Rm	Carta aos Romanos
1Cor	Primeira Carta aos Coríntios
2Cor	Segunda Carta aos Coríntios
Gl	Carta aos Gálatas
Ef	Carta aos Efésios
Fl	Carta aos Filipenses
Cl	Carta aos Colossenses
1Ts	Primeira Carta aos Tessalonicenses
2Ts	Segunda Carta aos Tessalonicenses
1Tm	Primeira Carta a Timóteo
2Tm	Segunda Carta a Timóteo
Tt	Carta a Tito
Fm	Carta a Filêmon
Hb	Carta aos Hebreus
Tg	Carta de Tiago
1Pd	Primeira Carta de Pedro
2Pd	Segunda Carta de Pedro
1Jo	Primeira Carta de João
2Jo	Segunda Carta de João
3Jo	Terceira Carta de João
Jd	Carta de Judas
Ap	Apocalipse de João

Conheça a Bíblia

A Bíblia foi sempre um livro?

No tempo em que surgiram os escritos bíblicos, escrevia-se principalmente em *papiro* ou em *pergaminho*. Para textos mais longos, aliás, utilizava-se não folhas individuais, mas um *rolo* no qual as folhas eram coladas em uma grande sequência e enroladas em volta de um bastão de madeira. Para escrever, servia o assim chamado cálamo, que era um pedaço de caniço curto, pontiagudo, feito de junco ou de papiro. E havia tinta também: era feita de fuligem, resina e óleo misturados.

O rolo mais antigo, ainda conservado, o rolo de Isaías, mede 7,5 m de comprimento. Quando se queria armazenar, por um tempo mais longo, rolos prontos, mantendo-os secos e seguros, grandes jarras de argila eram usadas.

Quando os escritos do Novo Testamento foram redigidos, os rolos certamente ainda eram utilizados. Contudo, paulatinamente, entravam em uso também pequenos e grandes livros. Para isso, toda uma série de folhas de papiros ou de pergaminhos era dobrada ao meio, justaposta e, a seguir, costurada cuidadosamente.

Como capa e contracapa manufaturavam-se coberturas de madeira, ligadas em torno das folhas com tiras de couro. Um livro ou livrinho assim era chamado de *códice*.

Os primeiros cristãos utilizaram especialmente tais *códices* a fim de, possivelmente, produzir diversas transcrições, isto é, cópias dos Evangelhos. Do mesmo modo, cartas importantes – por exemplo, as cartas de Paulo – foram reunidas pelos membros das primeiras comunidades, transcritas e difundidas com o auxílio dos *códices*.

Você sabia que entre 1947 e 1956, em grutas de difícil acesso, na região de Qumrã, junto do mar Morto, foram descobertas diversas jarras de argila? Foi um achado sensacional, pois as jarras continham antigos rolos com textos hebraicos e aramaicos. Entres eles, foram encontradas também valiosas transcrições de livros do Antigo Testamento. Os arqueólogos e peritos da Bíblia responsáveis constataram que os rolos haviam sido confeccionados havia mais de 2000 anos.

Conheça a Bíblia

Qual a diferença entre papiro e pergaminho?

Na Antiguidade, o papiro era o material para escrita mais vastamente difundido. Enquanto nosso papel atual é obtido da madeira, a matéria-prima do papiro era outra: o papiro era produzido precisamente do feixe de papiro, encontrado acima de tudo às margens do rio Nilo, no Egito, mas também em outras regiões pantanosas do Oriente. No caso, trata-se de uma planta tubulosa, cujos talos podem alcançar até 4 m de altura.

Essas tiras eram quadrangularmente sobrepostas em diversas camadas. Quando a camada estava suficientemente espessa, era umedecida ou untada com uma goma fina.

Para produzir o papiro, inicialmente se precisava de caules de papiro. Estes podiam ser encontrados e colhidos em regiões pantanosas. Os talos longos da planta, com até 6 cm de espessura, contêm uma polpa consistente. Esta era cortada em tiras finas, que podiam ser trabalhadas.

A seguir, era prensada entre duas pesadas pedras durante um tempo considerável. Através da goma seca e do sumo saído da planta, que secava igualmente, toda a camada se consolidava. Como resultado, surgia uma firme folha de papiro.

Finalmente, a folha era adequadamente recortada. Assim, surgia uma folha que podia ser utilizada para um códice ou na qual se podia escrever uma carta.

O pergaminho era um material muito apreciado na Antiguidade. Mais duradouro do que o papiro, e também consideravelmente mais caro, era produzido a partir de peles não curtidas de animais, principalmente de carneiros e de cabras, às vezes também de antílopes. Inicialmente, as peles eram amaciadas numa solução especial de calcário. A seguir, eram cuidadosamente raspadas, lavadas diversas vezes, secadas, esticadas e tornadas flexíveis. Desse modo surgia, por fim, um material que se podia recortar sob medida e sobre o qual se podia escrever muito bem.

Conheça a Bíblia

O que os mosteiros têm a ver com o surgimento das Bíblias?

Na Idade Média, os mosteiros eram lugares de oração, erudição e de pesquisa. Ali foram coletados livros, manuscritos e literatura de todo tipo. Um provérbio medieval diz: "Um mosteiro sem estante de livros é como um forte sem depósito de munição".

Juntamente com o ensinamento da fé, os mosteiros difundiram também a veneração pelo livro.

Mas os mosteiros não educavam apenas a partir dos livros, também os produziam. Os monges cultivavam a arte da ilustração e da caligrafia. Por conseguinte, as edições medievais da Bíblia são ricamente guarnecidas e providas de imagens e iniciais extravagantes.

Diversas pessoas participavam na confecção de uma edição medieval da Bíblia. Até mesmo o pergaminho, que se impunha sempre mais fortemente, era produzido nos mosteiros.

O miniaturista (*miniator*) desenhava as imagens, e o copista assumia o trabalho do texto. Os títulos dos capítulos eram modelados, nas cores vermelha ou azul, pelos assim chamados rubricadores. Isso exigia extrema concentração, visto que ninguém havia inventado o mata-borrão ainda. Por certo o copista dispunha de uma faca de raspar, com a qual podia limpar a camada superior de seu material de escrita, mas o risco de fazer um furo no pergaminho era grande. Se um monge errava diversas vezes ao escrever ou se fazia um buraco no pergaminho, devia começar tudo outra vez.

Para a escrita, eram utilizados diversos materiais: até o séc. VI, o cálamo, um instrumento de escrita feito de bambu ou de junco.

Em seguida, prevaleceram as penas de aves: as de ganso, de avestruz, de cisne e, sobretudo, a quilha de ganso. Penas de corvo, que eram afiadas com uma faca, serviam principalmente para o desenho e para a escrita refinada.

Também a arte da encadernação, até hoje um trabalho tipicamente artesanal, foi desenvolvida nos mosteiros. Em uma encadernação preciosa, em madeira ou em couro, com orla de ferro e de pedras preciosas, trabalhava-se muitas vezes durante diversos meses. Particularmente valiosas são as encadernações com entalhes de marfim. Existem até mesmo capas de livros únicos que foram talhadas totalmente em ouro. Neste caso, encadernadores e ourives instruíam-se mutuamente.

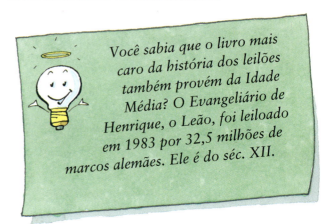

Você sabia que o livro mais caro da história dos leilões também provém da Idade Média? O Evangeliário de Henrique, o Leão, foi leiloado em 1983 por 32,5 milhões de marcos alemães. Ele é do séc. XII.

Conheça a Bíblia

Desde quando existem Bíblias em papel?

Não se sabe exatamente desde quando existe o papel como material de escrita. Constata-se que cerca de cem anos antes de Cristo, na China, já havia papel. Da China os processos de fabricação, originariamente muito simples, foram transmitidos para a Coreia e para o Japão. Por volta do ano 700 d.C., chegou até os árabes. Os árabes refinaram os processos de produção e introduziram novos equipamentos, como, por exemplo, os coadores de metal.

> Você sabia que alguns conceitos e indicações de medidas na produção de papel remontam a designações arábicas? Uma resma indica a altura de uma pilha de papel (mais ou menos 5 cm). Resma origina-se da palavra arábica rizmar.

Somente no séc. XII a produção de papel chega à Europa. O mais antigo documento em papel na Europa é uma carta da condessa Adelaide de Sicília, do ano 1109. Por muito tempo, porém, o uso do papel era malvisto por provir do mundo pagão e por não parecer tão durável quanto o pergaminho. O imperador Frederico II proibiu até mesmo o seu uso em documentos. Isso foi em 1236.

As primeiras fábricas de papel europeias surgiram na Itália, princilpamente em Bolonha e Pádua. A primeira fábrica de papel, que era alemã, foi construída em 1389, diante da Porta de Nuremberg, em Pregnitz. Cem anos mais tarde, já havia mais de quarenta dessas fábricas na Alemanha.

A fim de indicar quem fabrica e qual a qualidade do papel criou-se a marca d'água. A marca d'água só é visível quando o papel é colocado contra a luz. Aparece através de fios costurados, entrelaçados ou soldados na chapa de papel, que são impressos em cada folha. Hoje em dia as marcas d'água da indústria do livro oferecem importantes dicas a respeito da proveniência e do tempo de surgimento de uma obra.

No entanto, com certeza, a obra mais conhecida impressa em papel é a Bíblia de Gutenberg. Ela foi impressa por Johannes Gutenberg, o criador da tipografia, entre os anos 1452 e 1456, em Mainz [Mogúncia]. Nas folhas de papel da Bíblia se encontram três diferentes marcas d'água: cabeça de boi, touro e uva.

Conheça a Bíblia

O que há de especial em Bíblias para crianças?

Ao lado das edições normais da Bíblia para adultos existem também Bíblias especiais para crianças. Estas não contêm todos os livros bíblicos, mas apenas os textos que, para as crianças, são mais importantes, emocionantes e interessantes. Além do mais, nessas edições as histórias bíblicas são narradas de maneira tal que as crianças possam entendê-las bem. Essas Bíblias são, em sua maioria, ilustradas com belas e coloridas imagens.

Também nas Bíblias para crianças, para cada uma das histórias indica-se onde se pode achar o texto nas Bíblias comuns. Muitas vezes as referências correspondentes se encontram à margem do texto da Bíblia para crianças, tal como no exemplo seguinte:

③ → Mt
    4,18-22
①
②

7¹ Jesus chama seus primeiros discípulos

Caminhando à beira do mar da Galileia, Jesus viu dois irmãos: Simão, chamado Pedro, e seu irmão André. Estavam jogando as redes ao mar, pois eram pescadores. Jesus disse-lhes: "Segui-me, e eu farei de vós pescadores de homens". Eles, imediatamente, deixaram as redes e o seguiram. Prosseguindo adiante, viu outros dois irmãos: Tiago, filho de Zebedeu, e seu irmão João. Estavam no barco, com seu pai Zebedeu, consertando as redes. Ele os chamou. Deixando imediatamente o barco e o pai, eles o seguiram.

Mc
1,16-20

① Número do capítulo
② Número do versículo
③ Nome do livro

Conheça o
Antigo Testamento

Conheça o AT

O que é o Antigo Testamento?

O *Antigo Testamento* é a primeira grande parte da Bíblia cristã. À exceção de poucas digressões, corresponde às Sagradas Escrituras do Judaísmo, a *Bíblia Hebraica*. Juntamente com o *Novo Testamento*, o *Antigo Testamento* constitui o fundamento literário do Cristianismo.

O Antigo Testamento compreende, ao todo, 46 livros individuais, que são de tamanhos bastante variados.

O Pentateuco é formado pelos 5 livros de Moisés. No grupo dos livros históricos estão reunidos, ao todo, 16 escritos. O grupo dos livros sapienciais e pedagógicos conta com 7 escritos. E, dentre os escritos dos profetas, contam-se 18 livros independentes.

Sete escritos do Antigo Testamento só apareceram relativamente mais tarde e não dispomos deles em hebraico, mas na língua grega. Trata-se, no caso, dos livros de Tobias, Judite, os dois livros dos Macabeus, Sabedoria, Eclesiástico e Baruc. Não obstante, a Igreja Católica e a Igreja Ortodoxa consideram esses assim chamados livros deuterocanônicos como parte da biblioteca do Antigo Testamento. Em contrapartida, estão ausentes da Bíblia Hebraica. E também na consideravelmente tardia versão protestante da Bíblia não são vistos como parte do Antigo Testamento.

Os cinco livros de Moisés (Pentateuco)

Os livros da história do Povo de Deus

Os livros sapienciais e os salmos

Os livros dos profetas

Do que trata o Antigo Testamento?

No Antigo Testamento, o assunto é o relacionamento de Deus com as pessoas. A palavra *Testamento* significa, na língua da Bíblia, *contrato, acordo* ou *tratado*. Com a palavra *aliança* obtém-se a melhor tradução. Especialmente, então, quando se trata de Deus como parceiro de aliança com os seres humanos. Uma vez que a ideia dessa aliança é tão importante para a compreensão do Antigo Testamento, designou-se, assim, a primeira parte da Bíblia: aliança respeitada por sua antiguidade, *Antigo Testamento*.

O Antigo Testamento narra que Deus escolheu um povo particular para si, que ele acompanha: o povo de Israel. Nos escritos do Antigo Testamento, em pouco tempo, são narradas três importantes alianças contraídas entre Deus e o povo de Israel: as alianças com Noé, com Abraão e com Moisés.

A aliança com Abraão

Pouco tempo depois, no Livro do Gênesis narra-se a respeito de outra aliança que Deus sela com Abraão, um homem bom e justo. Deus o escolheu e concedeu-lhe sua graça. Prometeu a Abraão que ele seria o pai de um grande povo e possuiria uma terra maravilhosa. Os descendentes de Abraão deveriam ser tão numerosos quanto as estrelas no céu.

A aliança com Noé

O primeiro livro da Bíblia, o Livro do Gênesis, relata como o piedoso e justo Noé, sua família e, respectivamente, um casal de cada um dos animais da terra foram salvos do dilúvio. Depois de eles terem sobrevivido ao grande dilúvio, Deus fez a Noé a promessa de que jamais algo semelhante iria ameaçar novamente a vida sobre a terra. O arco-íris é o sinal que recorda tal aliança.

A aliança com Moisés

O Livro do Êxodo narra detalhadamente um terceiro pacto de aliança: após a saída do povo de Israel do Egito e depois de  uma longa caminhada pela deserto, os israelitas e seu guia, Moisés, chegaram à montanha do Sinai. Ali, Deus contraiu com Moisés uma importante aliança para o povo de Israel. Essa aliança tinha como promessa que Israel é, para sempre, o povo escolhido de Deus, e que Deus é, para sempre, o Deus de Israel. E Israel deve viver segundo as leis de Deus e observar os seus mandamentos.

Como Deus fez o mundo?

Os capítulos iniciais do primeiro livro da Bíblia narram acerca da criação do mundo e do ser humano. Existem duas histórias da criação. Ambas mostram que Deus ama a terra e os seres humanos.

A primeira história da criação apresenta o começo do mundo como um processo que Deus concluiu em sete dias. Em seis dias Deus criou sucessivamente a luz, o firmamento celeste, depois a terra e o mar, as plantas, os astros do céu, os animais do ar e da água, os animais da terra e, por fim, o ser humano, a quem revestiu de especial dignidade. No sétimo dia Deus descansou.

Esse relato não é nenhum ensaio científico, mas fornece um profundo conhecimento. Ele mostra que o mundo é boa criação de Deus.

Imediatamente depois, no Livro do Gênesis, sob a forma de uma história, lança-se um olhar sobre a criação do ser humano e sobre seu relacionamento com Deus.

Conta-se como Deus criou os primeiros seres humanos, Adão e Eva. Deus os colocou no maravilhoso jardim do Éden, o Paraíso, onde eles poderiam viver bem. Infelizmente, ambos não obedeceram ao mandamento de Deus. Assim, aconteceu o primeiro rompimento no relacionamento entre Deus e os seres humanos. Adão e Eva tiveram de sair do Paraíso. Embora o primeiro casal humano tivesse agido de maneira incorreta, Deus continuou a cuidar dele.

Tais textos mostram que as pessoas da terra têm a ver com Deus e que ele quer a vida para todas. Assim, visto que todos os seres humanos foram criados por Deus, eles constituem uma grande família.

E Deus viu tudo quanto havia feito, e era muito bom.

(Gn 1,31)

Conheça o AT

Que plantas são citadas na Bíblia?

Na Bíblia se fala de muitíssimas plantas. Nela, a árvore é muitas vezes símbolo da vida. As sete plantas mais importantes da Terra Santa são: a romãzeira, a oliveira, a figueira, a videira, a cevada, o trigo e a tamareira.

Cevada e trigo

Os cereais desde sempre foram a base da alimentação humana. Quando frescos, os cereais podem ser comidos crus; podem ser cozidos como mingau ou assados como pão e bolo. São, portanto, muito variados! Entretanto, o trigo, naquele tempo, parecia bem diferente do de hoje, pois a espiga não era única, mas consistia em uma ramificação de muitas espigas.

A videira

Diferentemente dos cereais, o vinho não é necessário na alimentação. No entanto, a videira é mencionada frequentemente na Bíblia. Três mil anos a.C. já se fazia o vinho no Oriente Próximo. A videira levava muito tempo para crescer. Provavelmente é por isso que se tornou símbolo da paz. O tempo da vindima era um período extenuante, mas agradável: "Estes saíram pelos campos, vindimaram as vinhas e pisaram as uvas; depois organizaram festejos [...] (Jz 9,27).

A oliveira

Hoje em dia utilizamos o óleo de oliveira sobretudo como alimento. No tempo da Bíblia, porém, seu uso era mais variado: era um combustível valioso, além de ser usado como remédio e como óleo para a unção de reis. Também a madeira da oliveira é preciosa: com os ramos finos podemos confeccionar cestos; a madeira do tronco, por causa da sua bela nervura, ainda hoje é usada para móveis. Dado que a pomba que Noé soltou da arca a ele retornou tendo no bico um ramo de oliveira, esta se tornou internacionalmente símbolo da paz e da reconciliação.

A tamareira

Muitas vezes se fala de mel de tâmara. Com isso se quer indicar o espesso sumo que se obtém mediante o cozimento das tâmaras em água e a subsequente espremedura com um pano. Os caroços de tâmara serviam como combustível e como ração animal. Com as folhas da palmeira prestava-se homenagem aos reis, tal como ainda o fazemos no Domingo de Ramos, em honra de Jesus.

A figueira

A figueira produz frutos durante todo o ano, que podem ser comidos frescos ou secos. O figo era considerado comida barata e rápida fonte de energia. Com frequência, plantava-se uma figueira às margens do caminho a fim de que os viajantes pudessem fortalecer-se.

A romãzeira

Por causa da sua esplêndida aparência, desde sempre a romã inspirou os artistas. Ela se encontra em ornamentos em paredes de templos, em peças de vestuário ou confeccionada em ouro. A romã pode ser comida *in natura* ou cozida. Sua casca servia como remédio contra vermes. De suas folhas frequentemente se produzia tinta vermelha para tecidos; com a parte interna da casca, de cor amarela, tingia-se o couro.

Que animais são citados na Bíblia?

As histórias da criação dividem os animais em quatro grupos: os que vivem nas águas, os que voam nos ares, os que vivem na terra e os vermes. Sob o aspecto religioso, a Bíblia distingue animais puros de animais impuros. Tal discriminação vale para mais ou menos 130 animais que são mencionados na Bíblia.

Animais domésticos

O valor dos animais domésticos consistia sobretudo nos produtos obtidos a partir deles, tais como ovos, carne, leite, lã ou pele. Animais domésticos eram também as vítimas sacrificais preferidas. O leite de cabra era um dos alimentos básicos. Por esse motivo, em todo rebanho de ovelhas havia também cabras. Ovelha e cordeiro muitas vezes representam simbolicamente uma vida inocente. Asnos eram importantes bestas de carga. Viviam juntamente com bois e vacas nos estábulos. Somente pessoas muito ricas podiam dispor de cavalos. Já os novilhos eram empregados principalmente no trabalho do campo. Em toda a Antiguidade, o touro era considerado símbolo da força e da fecundidade. Quando no Antigo Testamento se fala de camelos, quer-se indicar sempre o dromedário, que tem apenas uma corcova no dorso.

Animais selvagens

Os leões são citados com especial frequência. Na Palestina, eram bastante difusos. O leão é sinônimo de força e coragem, e de rapacidade; é símbolo do inimigo. Outros animais predadores mencionados são o lobo, o chacal, a pantera, o leopardo e o urso.

Além do mais, a Bíblia alude a diversos animais corníferos, tais como gazelas e cervos, como símbolos de velocidade.

Pássaros

O pássaro mais frequentemente citado é a águia. Ela representa velocidade e cuidado, visto que trata com muita atenção de seus filhotes. A pomba era tida como meiga e inocente. Na narrativa sobre a arca de Noé, ela desempenha papel importante. Já no Novo Testamento simboliza o Espírito Santo.

Répteis

Já nas histórias da criação, a serpente é mencionada. A ela se associam astúcia e hipocrisia.

Insetos e répteis

Os insetos são citados inúmeras vezes, especialmente os gafanhotos, que são muito vorazes e podem destruir campos inteiros. Visto que sempre aparecem em nuvens, são também tidos como símbolo de grandes penúrias humanas.

A Bíblia se refere ainda às formigas, por causa do seu labor. Quanto às abelhas, já se sabia que elas fabricam mel e que podem ser também perigosas. O verme é considerado vulnerável, mas também visto como símbolo da morte, o que certamente tem a ver com sua capacidade de destruição.

Peixes

Na Bíblia, praticamente não se distinguem os tipos de peixes. Até mesmo quanto ao peixe que engoliu Jonas, sabemos apenas que se tratava de um peixe enorme.

Conheça o AT

Como o povo de Israel chegou a este nome?

O primeiro livro da Bíblia narra, com muitos detalhes, a respeito de três homens e de suas famílias: Abraão, seu filho Isaac e seu neto Jacó. São os patriarcas do povo de Israel. Jacó recebeu de Deus o título honorífico de *Israel*. É que ele havia lutado com Deus. Jacó teve 12 filhos: são, portanto, os filhos de Israel. De suas famílias se desenvolveram as 12 *tribos de Israel*.

Entre os filhos de Jacó, José é particularmente importante. Sua história é narrada pormenorizadamente no Livro do *Gênesis*. Após ter superado inúmeros perigos, com o auxílio de Deus, tornou-se um homem importante no Egito. Chegou a ser funcionário do governo do faraó. José cuidou bem do Egito e também dos que pertenciam a seu próprio povo quando, durante um período de escassez, vieram para o Egito. O sucessor do faraó não mais se interessou pela contribuição de José e transformou os israelitas em escravos.

Então apareceu Moisés, de quem se fala especialmente no Livro do Êxodo. Com a ajuda de Deus, tirou o povo de Israel do Egito.

Deus firmou uma aliança com Moisés, deu-lhe seus mandamentos e conduziu o povo de Israel para a terra prometida de Canaã. Até hoje os judeus relembram sua libertação do Egito na festa da páscoa. Na noite do Seder todos se reúnem para uma festiva refeição. A criança mais nova que participa da festa pergunta o que está sendo celebrado. Em seguida à pergunta, o pai de família narra a história da saída do Egito.

Conheça o AT

As 12 tribos de Israel

Mar Mediterrâneo

Ascer

Neftali

Zabulon

Issacar

Manassés

Efraim

Gad

Dã

Benjamin

Rúben

Judá

Mar Morto

Simeão

Conheça o AT

Quais os mandamentos que se encontram no Antigo Testamento?

Os primeiros cinco livros do Antigo Testamento são chamados de *Pentateuco* ou *Torá*. Torá é palavra hebraica e significa *Lei* ou *Instrução*. Nesses livros se encontram muitos mandamentos importantes: no total, são 613 tópicos. Trata-se de determinações que dizem respeito ao relacionamento mútuo entre as pessoas e à correta adoração a Deus. Particularmente importantes são os *Dez Mandamentos*. Eles constituem o fundamento.

Deus pronunciou todas estas palavras: "Eu sou o Senhor teu Deus, que te tirou do Egito, da casa da escravidão. Não terás outros deuses além de mim. Não farás para ti imagem esculpida, nem figura alguma do que existe em cima nos céus, ou embaixo na terra, ou nas águas debaixo da terra. Não te prostrarás diante dos ídolos, nem lhes prestarás culto, pois eu sou o Senhor teu Deus, um Deus ciumento. Castigo a culpa dos pais nos filhos até a terceira e quarta geração dos que me odeiam, mas uso de misericórdia por mil gerações para com os que me amam e guardam os meus mandamentos. Não pronunciarás o nome do Senhor teu Deus em vão, porque o Senhor não deixará sem castigo quem pronunciar seu nome em vão. Lembra-te de santificar o dia do sábado. Trabalharás durante seis dias e farás todos os trabalhos, mas o sétimo dia é sábado, descanso dedicado ao Senhor teu Deus. Não farás trabalho algum, nem tu, nem teu filho, nem tua filha, nem teu escravo, nem tua escrava, nem teu gado, nem o estrangeiro que vive em tuas cidades. Porque em seis dias o Senhor fez o céu e a terra, o mar e tudo o que eles contêm; mas no sétimo dia descansou. Por isso o Senhor abençoou o dia do sábado e o santificou. Honra teu pai e tua mãe, para que vivas longos anos na terra que o Senhor teu Deus te dará. Não cometerás homicídio. Não cometerás adultério. Não furtarás. Não darás falso testemunho contra o teu próximo. Não cobiçarás a casa do teu próximo. Não cobiçarás a mulher do teu próximo, nem seu escravo, nem sua escrava, nem seu boi, nem seu jumento, nem coisa alguma do que lhe pertença".

Ex 20,1-17

Conheça o AT

Ao lado dos *Dez Mandamentos*, são de importância especial as instruções que tratam do amor a Deus e do amor ao próximo.

Ouve, Israel! O Senhor nosso Deus é o único Senhor. Amarás o Senhor teu Deus com todo o teu coração, com toda a tua alma e com todas as tuas forças (Dt 6,4-5).

[...] Amarás o teu próximo como a ti mesmo. [...] (Lv 19,18).

Se um estrangeiro vier morar convosco na terra, não o maltrateis. O estrangeiro que mora convosco seja para vós como o nativo. Ama-o como a ti mesmo, pois vós também fostes estrangeiros na terra do Egito. [...] (Lv 19,33-34).

No tempo em que Moisés recebeu de Deus os *Dez Mandamentos* no Sinai, as tribos de Israel eram um povo nômade. Isto é, não se fixavam em um lugar, mas viviam em tendas e mudavam frequentemente de região. Por tal razão eles não tinham um tabernáculo de pedra ou, como mais tarde, um esplêndido templo, mas um santuário portátil: a saber, uma Tenda de Revelação.

Nos livros do Êxodo e do Levítico há instruções acerca da aparência dessa Tenda de Revelação e onde deveria ser instalada: ficava sempre no meio do acampamento israelita. Diante dela se construíam altares; toda a área era delimitada por cercas e lonas. Na própria Tenda do Encontro ficava a arca da aliança. Esta era uma caixa ricamente ornamentada, feita de madeira de acácia, revestida de ouro. Nela se conservava o mais importante: as tábuas com os *Dez Mandamentos*, o certificado da aliança de Deus com Israel.

Conheça o AT

Do que tratam os livros históricos?

Os livros da história do Povo de Deus

O Antigo Testamento contém 16 livros históricos. Esses livros narram a história do povo de Israel a partir da morte de Moisés.

No Livro de *Josué* se trata do primeiro sucessor de Moisés, o comandante do exército, Josué. Ele introduziu o povo de Israel na terra prometida de Canaã. Neste ínterim, houve duros combates com os povos que ali viviam. Após a posse da terra, Josué dividiu toda a região conquistada entre as 12 tribos de Israel.

Acerca dos acontecimentos que daí se seguiram narra o Livro dos *Juízes*. Repetidas vezes o povo de Israel foi oprimido por povos vizinhos. Mas sempre que a aflição chegava ao extremo, Deus chamava, dentre os israelitas, comandantes de exército e pacificadores particularmente habilidosos para salvar o povo da opressão, os quais eram chamados de juízes.

O último juiz de Israel foi o profeta Samuel. Os livros de *Samuel* narram a respeito de Samuel e de sua atividade em prol do povo. Ele desejava levar as pessoas a viver conforme a vontade de Deus. Contudo, reconhecia que o povo queria para si um líder forte. Em algumas partes dos dois livros de Samuel e também no primeiro Livro dos *Reis* narra-se como, por volta do ano 1000 a.C., se desenvolveu a monarquia em Israel. Os primeiros reis de Israel foram Saul e Davi. Sob eles as 12 tribos de Israel formaram um reino. Davi fez de Israel um reino grande e estável.

Conheça o AT

O que aconteceu depois com o povo de Israel?

Ambos os livros dos *Reis* e os livros das *Crônicas* relatam o destino dos israelitas no período entre a morte de Davi e o assim chamado exílio babilônico, portanto mais ou menos do séc. X ao séc. VI a.C. Ao trono do rei Davi sucedeu Salomão, seu filho. Ele foi um soberano sábio e piedoso. Sob seu domínio o povo viveu um tempo de paz e de prosperidade. Entrou para a história como o construtor do templo. Nesse templo se conservava também a arca da aliança.

Quando Salomão morreu, houve disputas por sua sucessão. O reino de Israel se dividiu em duas partes. O reino do Norte continuou a se chamar Israel. Após mais ou menos 200 anos, foi tomado pelos assírios e completamente aniquilado. O reino do Sul, Judá, persistiu ainda por 150 anos. Aqui, governavam como reis os descendentes de Davi. Quando, porém, os babilônios, finalmente, conquistaram a terra, grande parte dos israelitas foi deportada para a Babilônia e ali mantida prisioneira por cerca de 50 anos. De igual modo, Jerusalém e seu templo foram totalmente destruídos.

Mais ou menos 50 anos depois, os babilônios foram vencidos pelos persas. Com isso terminava o cativeiro para os israelitas. Eles puderam retornar para casa e, assim, começar a reconstruir Jerusalém. Os livros de *Esdras* e *Neemias* relatam essa reconstrução.

Os livros dos *Macabeus* narram acontecimentos que se deram aproximadamente 300 anos mais tarde: os movimentos de revolta dos judeus macabeus contra os gregos selêucidas, que, naquela ocasião, reivindicavam o domínio sobre os judeus. A revolta foi bem-sucedida e a dinastia dos Macabeus pôde governar em Jerusalém por mais de 100 anos.

Conheça o AT

Como viviam as pessoas naquele tempo?

Em povoados

Para a locação de um povoado, eram bem apreciados os lugares escolhidos em encostas, em cuja proximidade houvesse também uma fonte d'água. No povoado, viviam apenas poucas centenas de pessoas, na maioria criadores de animais e agricultores. Ao seu redor se encontravam pequenos mercados; um pouco mais afastadas do centro do povoado ficavam as oficinas dos curtidores e dos ceramistas.

Igualmente à margem do povoado ficavam a eira e o lugar dos sacrifícios. Ali os animais eram imolados e sacrificados.

Trazia-se para dentro de casa quase tudo o que era necessário para a vida da família. A casa típica de quatro cômodos consistia em um pátio com aposentos contíguos, muitas vezes separados apenas por pilares. Quarto de dormir, sala de refeições, lugar de cozinhar e estábulos de animais. Dado que o clima é ameno em Israel, muito da vida cotidiana se desenrolava ao ar livre: no pátio ou no terraço. No verão, o terraço era também usado como local para dormir.

O alicerce da casa era de pedra; as paredes, de tijolos secados ao vento; o telhado, de argila. Raramente havia janelas; quando sim, eram bem pequenas. Os grãos eram armazenados em depósitos estreitos e altos, e o acesso ao lugar onde estavam se dava mediante escadas.

Conheça o AT

Na cidade

Nas grandes cidades, já naquele tempo, viviam mais de mil pessoas. No tempo do rei Herodes, Jerusalém contava com cerca de 60.000 habitantes.

Os citadinos eram protegidos das feras selvagens e dos inimigos humanos por um muro que rodeava toda a cidade. A porta da cidade não era apenas o acesso à cidade: no espaço diante da porta acontecia grande parte da vida pública: julgamentos, reuniões, comércio, jogos, fofocas e escândalos.

Os edifícios residenciais e de trabalho ficavam aglomerados. Frequentemente, tinham vários andares e eram construídos em forma de degraus em uma encosta. Os bairros da cidade eram organizados de acordo com os grupos de profissão dos habitantes.

Os citadinos ricos viviam em belos edifícios residenciais ou palácios. Estes eram separados por muros, mais uma vez, dos outros habitantes da cidade.

O templo constituía uma pequena cidade dentro da cidade. Sua área sagrada era separada do restante da cidade por muros; diante das portas, os sacerdotes vigiavam para que somente pessoas puras entrassem no recinto sagrado.

A cidade era, portanto, cidadela, moradia, centro de produção, mercado, tribunal, sede do governo e lugar de culto, tudo junto.

Como nômades

O nomadismo é uma especialidade do campesinato. Os nômades viviam em tendas e, com seus rebanhos de gado, atravessavam extensas regiões. Pelo menos duas vezes por ano, desmanchavam suas tendas a fim de seguir para outro lugar. Via de regra, atravessavam uma região de verão e uma região de inverno.

As tendas dos nômades no período do Antigo Testamento eram redondas. Sobre uma armação de madeira se estendiam peles de animais ou lonas de tecido.

Nos rebanhos dos nômades, a percentagem de cabras era mais alta que nos rebanhos dos agricultores, pois cabras são menos exigentes. Meninas e meninos deviam pastorear o gado.

As mulheres adultas eram artesanalmente ativas. Trabalhavam lã de ovelha e peles. Os homens se dedicavam ao comércio e à caça.

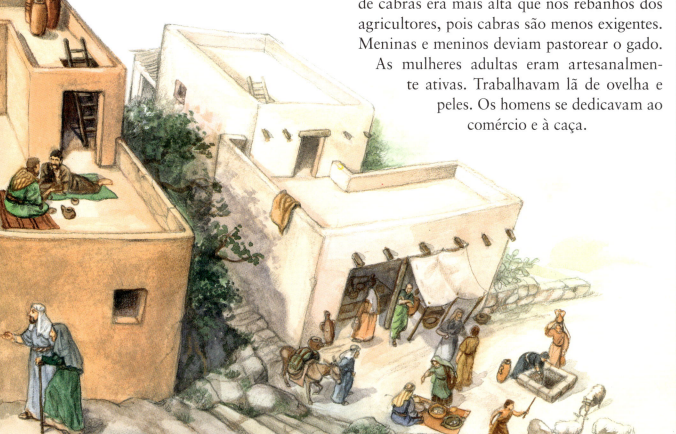

Conheça o AT

Quem foram Rute e Noemi?

O breve Livro de *Rute* se passa no tempo dos juízes. Narra a respeito da estrangeira Rute, que se casa com um judeu. Quando seu marido morre, permanece fiel à fé judaica e à sua sogra Noemi. Ela acompanha a anciã Noemi até sua terra natal, Belém, e lhe faz uma promessa:

A continuação da história de Rute mostra que sua fidelidade foi levada em conta: quando Rute, num campo já ceifado, estava juntando as espigas deixadas para trás, encontra o proprietário do campo, Booz, que se casa com ela e também passa a cuidar de Noemi. Assim, Deus mudou para o bem o destino de ambas as mulheres que tão firmemente professaram sua fé nele.

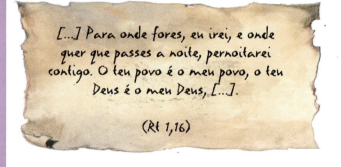

[...] Para onde fores, eu irei, e onde quer que passes a noite, pernoitarei contigo. O teu povo é o meu povo, o teu Deus é o meu Deus, [...].

(Rt 1,16)

Conheça o AT

Quem foram Tobias, Judite e Ester?

Os três breves livros de *Tobias*, *Judite* e *Ester* narram que, na história, Deus sempre se mostrou como salvador e protetor de Israel e dos israelitas. Tobias, Judite e Ester foram judeus piedosos, que se comprometeram corajosamente com sua fé e com seu povo.

Tobias era um homem devoto que, um dia, ficou cego. No entanto, ele não se desesperou, e sim esperou longamente pela cura, até que ela aconteceu, com a ajuda de Deus.

O Livro de *Ester* fala de uma piedosa judia que, por causa de sua extraordinária beleza, se tornou esposa do rei persa. Quando este deu a ordem de perseguir e matar todos os judeus do reino persa, ela foi pessoalmente até o rei e conseguiu dissuadi-lo dessa conspiração de assassinato. Assim, os judeus persas foram salvos. Até hoje a festa judaica do Purim recorda esse feito de Ester.

Judite era uma judia bela e cumpridora das leis que, mediante um ato particularmente corajoso, salvou seu povo do exército inimigo babilônio. Com inteligência e astúcia, conseguiu entrar no acampamento do inimigo, onde decapitou o comandante do exército babilônico, Holofernes. Após esse acontecimento, todo o exército inimigo fugiu.

Conheça o AT

Por que a Bíblia também contém poemas?

Os livros sapienciais e os Salmos

No Antigo Testamento há 7 livros que contêm *literatura sapiencial*. Todos eles indagam pelo sentido da vida e pela natureza de Deus.

O livro de *Jó* trata de um homem piedoso e justo, que nem mesmo através dos piores golpes do destino se deixa apartar de sua fé em Deus.

Os *Salmos* são uma coletânea de 150 canções. Existem hinos, canções de agradecimento, de petição e de lamentação, meditações e orações. Até hoje diversos desses salmos são cantados e rezados por judeus e por cristãos.

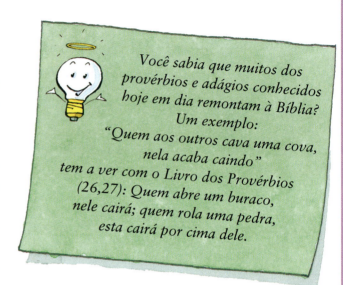

Você sabia que muitos dos provérbios e adágios conhecidos hoje em dia remontam à Bíblia? Um exemplo: "Quem aos outros cava uma cova, nela acaba caindo" tem a ver com o Livro dos Provérbios (26,27): Quem abre um buraco, nele cairá; quem rola uma pedra, esta cairá por cima dele.

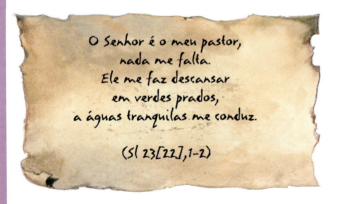

O Senhor é o meu pastor,
nada me falta.
Ele me faz descansar
em verdes prados,
a águas tranquilas me conduz.

(Sl 23[22],1-2)

No Livro dos *Provérbios* se encontram reunidos máximas e ensinamentos para a vida cotidiana. Eles ajudam a levar uma vida decente.

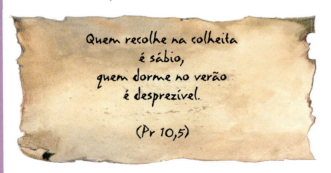

Quem recolhe na colheita
é sábio,
quem dorme no verão
é desprezível.

(Pr 10,5)

O Livro do *Eclesiastes* aconselha a viver a vida agradecidamente e a aproveitar o presente, mas sem esquecer o que Deus espera das pessoas.

O *Cântico dos Cânticos* consiste de uma coleção de aproximadamente 30 poemas e canções de amor. Neles, o assunto é o amor entre homem e mulher, e a gratidão por Deus tê-los feito um para o outro. Também nisso se demonstra o amor de Deus pelas pessoas.

O Livro da *Sabedoria* trata da natureza mesma da sabedoria. Os crentes são desafiados a buscar a sabedoria e a percorrer-lhe o caminho.

No Livro do *Eclesiástico* há uma série de provérbios e advertências que têm por objetivo melhorar a convivência entre as pessoas, além de orações e hinos que louvam e engrandecem a Deus.

"[...] na frente os cantores, por último os que tocam cítaras, no meio as meninas batendo címbalos": assim descreve o Sl 68,26 a procissão triunfal de Deus quando seu reino chega.

Conheça o AT

Conheça o AT

Quem foram os profetas?

Os livros dos profetas

Ao longo da história, Deus sempre chamou pessoas para anunciar a sua mensagem, que são os chamados *profetas*. Eles eram muito íntimos de Deus. E conheciam muito bem seus semelhantes e seu comportamento. Transmitem às pessoas a vontade de Deus e conduzem-nas pelo seu caminho. As mensagens que eles anunciam são bastante diferentes: algumas anunciam infortúnio; outras, felicidade e salvação. As advertências pretendem levar as pessoas ao arrependimento e à conversão. Em tempos difíceis, os anúncios de salvação infundem coragem e confiança nas pessoas.

> Você sabia que os profetas nem sempre ficavam entusiasmados pelo fato de Deus tê-los escolhido e ter-lhes dado uma incumbência? Jonas queria até mesmo escapar de sua missão e, por causa disso, foi engolido por um peixe enorme. Jeremias lamentava-se com Deus, dizia ser demasiado jovem ainda e não ter coragem de falar diante de muitas pessoas. Mas, no final das contas, todos assumiram sua função.

Conheça o
Novo Testamento

Conheça o NT

O que é o Novo Testamento?

O *Novo Testamento* forma a segunda grande parte da Bíblia cristã. Consiste em um total de 27 diferentes escritos. Alguns livros no Novo Testamento contêm diversos capítulos; outros, apenas umas poucas páginas.

Os quatro *Evangelhos* narram minuciosamente a respeito de Jesus, de sua vida, de sua mensagem, de seu comportamento, de sua morte e de sua ressurreição. Os *Atos dos Apóstolos* registram a difusão da mensagem de Jesus e das primeiras comunidades cristãs.

Seguem-se, então, as 21 *Cartas* neotestamentárias. A maioria dessas cartas foi escrita pelo Apóstolo Paulo e por seus discípulos, e endereçada às primeiras comunidades cristãs. Nelas se encontram esclarecimentos e elucidações da fé, mas também conselhos e advertências.

O Novo Testamento é concluído por um *escrito apocalíptico*: o *Apocalipse de João*. É o mais enigmático dos livros neotestamentários e oferece uma visão profética sobre a vinda do Reino de Deus no fim dos tempos.

Livros narrativos
Os quatro Evangelhos e os Atos dos Apóstolos

Cartas

Livro apocalíptico

Conheça o NT

O que há de novidade no Novo Testamento?

Os cristãos chamam a segunda parte da Bíblia de *Novo Testamento* porque, para eles, trata-se do *livro da nova aliança*. O próprio Jesus anunciou essa nova aliança e realizou-a em sua morte na cruz. Quando Jesus ficou sabendo que a morte na cruz o esperava, durante a última ceia que ele celebrou com seus discípulos, falou explicitamente dessa aliança e de sua importância para todas as pessoas. O evangelista Lucas narra a respeito:

> A seguir, tomou o pão, deu graças, partiu-o e lhes deu, dizendo: "Isto é o meu corpo, que é dado por vós. Fazei isto em memória de mim". Depois da ceia, fez o mesmo com o cálice, dizendo: "Este cálice é a nova aliança no meu sangue, que é derramado por vós".
>
> (Lc 22,19-20)

A última refeição de Jesus é reconstituída até hoje pelos cristãos do mundo inteiro quando celebram a Eucaristia ou a Ceia do Senhor. Com isso comemoram o estabelecimento da nova aliança por meio de Jesus e esperam, um dia, estar, juntamente com Jesus, no Reino de Deus.

Já os primeiros cristãos estavam convencidos de que a nova aliança deveria valer para todas as pessoas do mundo. Por essa razão, eles saíram mundo afora a fim de narrar sobre Jesus e sua mensagem. Com efeito, depois de sua ressurreição dos mortos Jesus havia aparecido aos seus discípulos e lhes dissera:

> "Ide, pois, fazer discípulos entre todas as nações, e batizai-os em nome do Pai, do Filho e do Espírito Santo. Ensinai-lhes a observar tudo o que vos tenho ordenado. Eis que estou convosco todos os dias, até o fim dos tempos" (Mt 28,19-20).

O que é um Evangelho?

Evangelhos

Os quatro primeiros livros do Novo Testamento se chamam *Evangelhos*. A palavra *Evangelium* vem da língua grega. Traduzida, significa "alegre mensagem" ou "boa notícia". Com isso se quer indicar toda a história de Jesus, sua vida e seu ensinamento.

No Novo Testamento há quatro Evangelhos diferentes. Os Evangelhos são denominados, respectivamente, por seus autores, os quatro evangelistas: Mateus, Marcos, Lucas e João. Em alguns pontos, os Evangelhos se diferenciam. Nas concepções mais importantes, harmonizam-se completamente. Todos os quatro estão convencidos de que Jesus é o Filho de Deus. Querem mostrar a seus leitores o que Jesus significa para as pessoas. Cada um, à sua maneira, narra sobre ele, que veio para as pessoas a fim de anunciar-lhes a "Boa-Nova" de Deus.

Os evangelistas copiaram uns dos outros?

Nem todos os quatro evangelistas foram testemunhas oculares da história de Jesus. Os Evangelhos só foram escritos algum tempo depois da morte de Jesus. Para isso, os evangelistas recorreram a relatos e narrativas.

O Evangelho mais antigo é o de Marcos. Quando ele escreveu seu Evangelho, cerca de quarenta anos depois da morte de Jesus, reuniu tudo o que pôde encontrar. Organizou as tradições já existentes de modo cronológico: sua primeira aparição, sua vida pública, sua morte na cruz e sua ressurreição. Ao mesmo tempo, Marcos deixa claro: Jesus é o Messias esperado, o Filho de Deus.

Mais ou menos dez anos depois, Mateus e Lucas tomam o Evangelho de Marcos como modelo para seus próprios Evangelhos. De mais a mais, eles acrescentam outras tradições.

Além disso, enfatizam outros pontos, cada um conforme o que achava mais importante.

O Evangelho de João é o mais recente dos quatro Evangelhos. João se interessou menos pelos acontecimentos individuais da história de Jesus. Refletiu sobretudo acerca do que Jesus significa para as pessoas e que tipo de relação ele tem com Deus. Escreveu, portanto, um pouco como um filósofo.

Conheça o NT

Quem foi o evangelista Lucas?

Mesmo depois de tanto tempo, pouco sabemos acerca de muitos autores dos escritos bíblicos. A respeito de alguns, porém, os pesquisadores encontraram alguma coisa. Por exemplo, sobre o autor do terceiro Evangelho, que, na tradição cristã, é chamado de Lucas, sabe-se que ele não escreveu apenas o assim chamado Evangelho de Lucas, mas também os Atos dos Apóstolos. Este livro se encontra, no Novo Testamento, depois do Evangelho de João. Lucas era um homem culto e sabia contar histórias. Ademais, sabia exatamente quais os problemas que havia nas primeiras comunidades e quais as questões que as pessoas levantavam. Em seu Evangelho procura assimilar tais perguntas.

Visto que Lucas, pessoalmente, jamais viu ou se encontrou com Jesus, ele selecionou e examinou cuidadosamente as narrativas e relatos que lhe foram transmitidos sobre o Filho de Deus. No começo de seu Evangelho, oferece àquele que o encarregou de tal tarefa, um homem chamado Teófilo, informações a propósito de como procedeu e qual o objetivo que seu Evangelho persegue:

> Diante disso, decidi também eu, caríssimo Teófilo, redigir para ti um relato ordenado, depois de ter investigado tudo cuidadosamente desde as origens, para que conheças a solidez dos ensinamentos que recebeste.
>
> (Lc 1,3-4)

Jesus existiu realmente?

Sim, disso podemos ter absoluta certeza. Não são somente os evangelistas que contam sobre ele. Existem alusões a Jesus em autores antigos, que não eram cristãos, como, por exemplo, nos historiadores romanos Tácito e Suetônio e no historiador judeu Flávio Josefo.

Jesus também leu a Bíblia?

Jesus era um judeu piedoso. Ele era um bom conhecedor das Sagradas Escrituras de seu povo.

O evangelista Lucas conta que Jesus, já aos 12 anos, no Templo de Jerusalém, discutiu com os doutores sobre passagens importantes da Escritura, e que os doutores ficaram admirados com as coisas pelas quais ele já se interessava (Lc 2,41-52).

Adulto, apareceu em público no momento em que, na Sinagoga de Nazaré, proclamou um texto central da Sagrada Escritura e explicou-lhe o significado (Lc 4,16-30). Também em discursos e pregações posteriores Jesus sempre voltava a se referir a passagens das Escrituras. Em seu famoso Sermão da Montanha, salientou de modo especial a importância dos primeiros cinco livros da Bíblia, portanto, a Torá (Mt 5–7).

Como as crianças aprendiam no tempo de Jesus?

No tempo de Jesus as crianças não conheciam escolas como as que temos hoje. O pai é que se responsabilizava pela instrução do filho, enquanto a mãe se encarregava da educação da filha.

Entretanto, em escritos antigos, conta-se que o rei Alexandre Janeu mandou construir escolas para jovens cujos pais haviam morrido. Então, a partir do século I a.C., também as escolas sinagogais passaram a ensinar. Contudo, ali não se aprendiam coisas relevantes para a profissão futura, como o cálculo ou a manufatura; ao contrário, aprendia-se a Torá.

Já aos cinco anos os meninos começavam a ler a Torá. Mais tarde, acrescentavam-se ainda textos legislativos, comentários e interpretações da Torá e semelhantes, feitos pelos doutores.

Também aprender a escrever nem sempre fazia parte da educação, pois o material para a escrita era muito caro. Diversos jovens aprendiam unicamente mediante o ouvir.

A aula se desenvolvia na sala principal da sinagoga. Todos os dias, também aos sábados, havia aula de manhã e à tarde. Em média, 25 jovens faziam parte de um curso. As meninas eram instruídas exclusivamente em casa, por suas mães.

Como as crianças brincavam no tempo de Jesus?

Antigamente, as crianças não tinham tanto tempo livre como hoje. Elas precisavam ajudar muito nos cuidados da casa, no campo ou no estábulo. Mesmo assim, elas brincavam!

Havia o jogo da malha e havia bolas. As bolas, frequentemente preenchidas com penas, eram apropriadas para esportes coletivos muito parecidos com o queimado e o voleibol atuais.

Também já eram conhecidos os jogos de dados e de tabuleiro. Os dados e as pedras de jogo eram feitos de pequenos blocos de pedra ou de madeira. Quando não se podia dispor de um tabuleiro – e isso quase ninguém podia –, riscava-se o espaço de jogo simplesmente em pedras de calçamento ou em tábuas de argila.

Você sabia que o jogo de gamão mais antigo já encontrado tem mais de 5000 anos? Também em Ur, a terra natal de Abraão, foi encontrado tal jogo.

Ainda hoje, pelas ruas da Galileia, podemos encontrar tais "tabuleiros" antigos nos paralelepípedos.

Em todo caso, um dos mais antigos jogos é o da trilha ou moinho. Aliás, antigamente os tabuleiros eram muitas vezes redondos, em vez de quadrados.

Conheça o NT

O que sabemos sobre o nascimento de Jesus?

Lucas e Mateus descrevem o nascimento e a infância de Jesus. Lucas começa um pouco antes de seu nascimento: Maria de Nazaré recebe a visita de um anjo que lhe anuncia que ela trará ao mundo o Filho de Deus. Alguns meses mais tarde, ela viaja com José a Belém. Como o lugar está superlotado, pernoitam em um estábulo. Ali nasce Jesus, o Filho de Deus e Salvador da humanidade. Ele dorme em uma manjedoura. Nos campos de Belém acampam pastores que vigiam suas ovelhas. De repente, o céu brilha em intensa luz e um anjo aparece-lhes e diz:

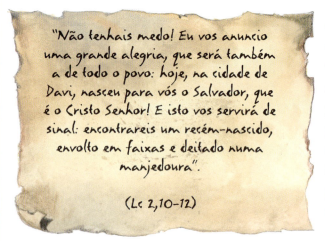

"Não tenhais medo! Eu vos anuncio uma grande alegria, que será também a de todo o povo: hoje, na cidade de Davi, nasceu para vós o Salvador, que é o Cristo Senhor! E isto vos servirá de sinal: encontrareis um recém-nascido, envolto em faixas e deitado numa manjedoura".

(Lc 2,10-12)

Mateus relata a respeito de homens sábios que vêm do Oriente. Seguiram uma estrela e ofereceram à criança ouro, incenso e mirra. Como eles contaram também ao rei Herodes a respeito da estrela, a situação se torna perigosa para Jesus. De fato, Herodes fica com medo de perder o poder e manda matar todos os meninos recém-nascidos. Um anjo adverte José, e a Sagrada Família foge para o Egito. Assim, Jesus pode sobreviver. Quando Herodes morre, voltam e ficam morando em Nazaré.

Por que os cristãos celebram o Natal?

Em todas as partes do mundo os cristãos celebram o Natal. É a festa do nascimento de Jesus. É uma festa alegre, pois se festeja que Deus enviou seu Filho ao mundo. Através dele, Deus veio até a humanidade.

Em torno do Natal se desenvolveram muitas tradições populares. Dentre elas estão os cartões de Natal, o presépio, as velas, as canções e as iguarias. Um dos pontos centrais dessa festa é a participação na Missa de Natal. No quadro dessa liturgia e na celebração em casa, as histórias do nascimento que estão nos Evangelhos têm lugar seguro. E a troca de presentes entre os cristãos acontece pela alegria de Deus ter dado à humanidade, com o nascimento de Jesus, um presente tão valioso.

Você sabia que o boi e o asno, que aparecem em quase todas as imagens da manjedoura, não são mencionados de forma alguma nas histórias do nascimento contadas na Bíblia?

Jesus é um nome especial?

O nome *Jesus* é a forma grega do nome hebraico *Iehoschua*. Traduzido, esse nome significa "Deus é auxílio" ou "Deus salva". Conforme o Evangelho de Mateus, Jesus tinha ainda outro nome, Emanuel, que significa "Deus está conosco".

Desde o começo, os cristãos atribuíram outros nomes a Jesus, que exprimem uma honra especial e sua importância para a humanidade. Por exemplo: *Christus*, que é grego e significa "o Ungido". Em hebraico se diz "Messias". O Messias é o rei escolhido por Deus que traz paz e salvação para o povo de Israel. Os judeus esperavam que ele viesse da descendência de Davi e da sua cidade natal, Belém. Os evangelistas estão convencidos de que Jesus é esse Messias. Ele é também chamado Filho de Deus. Jesus está muito próximo de Deus, tão perto quanto nenhum outro ser humano. Ele veio de Deus a fim de salvar as pessoas e o mundo.

O que era mais importante para Jesus?

Jesus estava convicto de que Deus ama as pessoas e de que ele quer a salvação da humanidade. Estava seguro de que Deus quer fazer tudo para que a vida dos seres humanos seja boa. Ele explicou às pessoas como é Deus. Deixou claro: "Deus está à disposição de vocês. Ele é como um bom Pai. E vocês todos são seus filhos". A fim de explicitar como o amor de Deus vem à terra, Jesus utilizava uma palavra especial. Falava de Reino de Deus e de Reinado de Deus e instigava as pessoas a se prepararem para isso. Dizia:

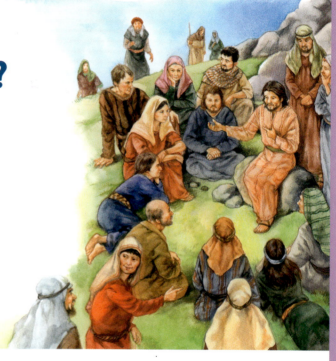

Completou-se o tempo, e o Reino de Deus está próximo. Convertei-vos e crede na Boa-Nova.

(Mc 1,14-15)

Jesus atravessou o país e anunciou essa mensagem às pessoas. Fazia uso de histórias e comparações, as quais são chamadas de parábolas. As pessoas as ouviam entusiasmadas e admiradas. Além disso, curava os doentes e consolava os desesperados. Realizava prodígios e ficava perto das pessoas. Seus milagres mostram como é a vida no Reino de Deus.

Conheça o NT

Onde aconteceu o quê?

Como as pessoas devem se tratar mutuamente?

Quando as pessoas vivem umas com as outras, muitas vezes há conflitos. Quando alguém não consegue perdoar, com o tempo não pode mais viver com os outros. Mas quantas vezes se deve perdoar? Devemos perdoar a todos os que pedem desculpas? Não há, pois, um limite? A isso Jesus deu a seguinte resposta, narrada pelo evangelista Mateus:

> Pedro dirigiu-se a Jesus perguntando: "Senhor, quantas vezes devo perdoar, se meu irmão pecar contra mim? Até sete vezes?". Jesus respondeu: "Digo-te, não até sete vezes, mas até setenta vezes sete vezes.
>
> (Mt 18,21-22)

Jesus estava convencido de que o amor a Deus e o amor aos semelhantes se completam. Para o relacionamento mútuo entre as pessoas, Jesus deu um conselho fundamental: devemos nos colocar no lugar do semelhante e tratá-lo como nós mesmos gostaríamos de ser tratados.

> Tudo, portanto, quanto desejais que os outros vos façam, fazei-o, vós também, a eles.
>
> (Mt 7,12)

Jesus queria que a espiral da violência, da inimizade e do ódio fosse despedaçada. Por isso as pessoas devem amar não somente seus amigos, mas até mesmo seus inimigos. Disse Jesus:

> Amai os vossos inimigos e orai por aqueles que vos perseguem! Assim vos tornareis filhos do vosso Pai que está nos céus; pois ele faz nascer o seu sol sobre maus e bons e faz cair a chuva sobre justos e injustos.
>
> (Mt 5,43-45)

Jesus queria que o amor de Deus fosse tangível já aqui e agora. As pessoas não devem dominar umas as outras, mas servir-se reciprocamente. E devem tratar-se tão amavelmente quanto Jesus as tratou. Disse Jesus:

> Se alguém quiser ser o primeiro, seja o último de todos, aquele que serve a todos!
>
> (Mc 9,35)

Como alguém pode ficar perto de Deus?

Diversas pessoas queriam saber de Jesus como poderiam se aproximar de Deus e como se preparar para seu Reino. O que nos deve orientar? Quais regras devemos seguir? Como devemos lidar com as outras pessoas? Qual é o mandamento mais importante?

Quando, um dia, um mestre da lei judeu veio até Jesus e lhe fez essa pergunta, ele respondeu-lhe utilizando a combinação de duas regras tiradas do Antigo Testamento. Disse Jesus:

> "O primeiro é este: 'Ouve, Israel! O Senhor nosso Deus é um só. Amarás o Senhor, teu Deus, de todo o teu coração, com toda a tua alma, com todo o teu entendimento e com toda a tua força!'. E o segundo mandamento é: 'Amarás teu próximo como a ti mesmo!'. Não existe outro mandamento maior do que estes."
>
> (Mc 12,29-31)

Existe uma oração especial?

Para Jesus, é importante que se mantenha um bom contato com Deus à medida que se reze regularmente e com toda confiança. Ele próprio se retirava muitas vezes para orar. E quando rezava, então chamava a Deus de "Abba", que significa "Pai".

Quando os discípulos lhe perguntaram como deviam rezar, ele lhes ensinou uma oração, o Pai-Nosso, que é rezado pelos cristãos desde essa época. Essa oração encontra-se nos Evangelhos de Mateus e de Lucas. E é assim:

Pai nosso que estás nos céus,
santificado seja o teu nome;
venha o teu Reino;
seja feita a tua vontade,
como no céu, assim também na terra.
O pão nosso de cada dia dá-nos hoje.
Perdoa as nossas dívidas,
assim como nós perdoamos aos que nos devem.
E não nos introduzas em tentação,
mas livra-nos do Maligno.
(Mt 6,9-13).

Jesus frequentava a igreja?

Ir à sinagoga obviamente fazia parte da vida judaica. Ali, no sábado e nos dias de festa, lia-se a Torá.

Mas a sinagoga é também sala de aula e lugar de reunião. Em Mateus se diz: "Ele foi para sua própria cidade e se pôs a ensinar na sinagoga local" (Mt 13,54).

O tamanho e a beleza de uma sinagoga dependiam de quão ricos fossem os habitantes da região na qual ela fora construída. Uma sinagoga típica do tempo de Jesus era bastante simples e raramente dispunha dos ornamentos em mosaico e das inscrições que se tornaram comuns posteriormente. Contudo, frequentemente a sinagoga representava o maior e mais importante edifício do lugar.

Conheça o NT

Jesus foi um mago?

Jesus curou pessoas que eram doentes ou incapacitadas que eram excluídas. Deu-lhes a oportunidade de uma vida decente. Esses milagres mostram que o poder de Deus é maior do que o poder do mal e que Deus é amigo da vida e dos seres humanos.

Jesus realizava milagres, mas não era mago nem bruxo. Também não queria inaugurar nenhuma práxis médica. Para ele, tratava-se de sua mensagem: mediante os milagres, queria apontar para a proximidade do Reino de Deus. Tornava visíveis a todos o amor e a misericórdia de Deus.

Os Evangelhos mostram que Jesus difundia sua mensagem não apenas com palavras, mas também com ações. Em muitas histórias se fala que ele fez milagres. Os evangelistas chamam tais milagres de prodígios ou sinais, que são sinais da proximidade de Deus e indícios do Reino iminente. No agir de Jesus, mostram-se o amor e o poder de Deus.

Mateus narra em seu Evangelho:

> [...] cegos recuperam a vista, paralíticos andam, leprosos são curados, surdos ouvem, mortos ressuscitam e aos pobres se anuncia a Boa-Nova.
>
> (Mt 11,5)

Conheça o NT

Como se pode saciar 5000 pessoas com 5 pães?

Em todos os quatro Evangelhos existem histórias sobre o fato de Jesus ter multiplicado pão e alimento para saciar uma grande multidão de pessoas. Isso significa que ele dá às pessoas o necessário para a vida. Socorre-as em suas necessidades. Quer que sejam felizes e possam viver bem. A refeição comum de Jesus com as pessoas é, além do mais, um sinal da comunhão da humanidade com Deus no Reino vindouro.

Mateus narra que inúmeras pessoas se haviam reunido ao redor de Jesus, em uma região afastada, junto ao mar da Galileia, a fim de escutá-lo. Quando chegou o entardecer, os discípulos vieram até ele e disseram: "Este lugar é deserto e a hora já está adiantada. Despede as multidões, para que possam ir aos povoados comprar comida".

Jesus, porém, replicou-lhes: "Eles não precisam ir embora. Vós mesmos dai-lhes de comer". Os discípulos retrucaram: "Só temos aqui cinco pães e dois peixes". Jesus disse então: "Trazei-os aqui!". E, tendo mandado que as multidões se acomodassem na grama, tomou os cinco pães e os dois peixes, elevou os olhos ao céu e pronunciou a bênção. Em seguida, partindo os pães, distribui-os às multidões.

E todos comeram até ficarem saciados. Quando, em seguida, os discípulos recolheram os pedaços de pães que sobraram, encheram ainda doze cestos. Ora, os que comeram eram cerca de cinco mil homens, sem contar mulheres e crianças (Mt 14,13-21).

Por que Jesus contou parábolas?

Jesus queria que as pessoas pudessem compreender bem a mensagem do amor de Deus e do Reino que estava prestes a surgir. Por isso, aos seus ouvintes, seguidores e amigos contava histórias com as quais queria levar a refletir sobre Deus e sobre seu amor.

À primeira vista, a maioria das histórias fala de situações normais que os contemporâneos de Jesus experimentavam na vida cotidiana. Contudo, tais narrativas têm sempre um significado mais profundo. Efetivamente, querem dizer algo específico sobre Deus e sobre o Reinado que está por vir.

Jesus era um mestre em criar e contar tais histórias. Elas se chamam *parábolas*. Na verdade, elas transmitem uma mensagem indireta, por meio de comparação. Nas parábolas de Jesus, na maioria dos casos, faz-se uma comparação com Deus ou com seu Reino. Jesus deixou isso claro, pois, antes de narrar a parábola correspondente, utilizava frases introdutórias que, por exemplo, soavam assim: "O Reino dos Céus é semelhante..." ou "Com que compararemos o Reino de Deus?...".

> Então ele contou-lhes esta parábola: "Quem de vós que tem cem ovelhas e perde uma, não deixa as noventa e nove no deserto e vai atrás daquela que se perdeu, até encontrá-la? E quando a encontra, alegre a põe nos ombros e, chegando em casa, reúne os amigos e vizinhos, e diz: 'Alegrai-vos comigo! Encontrei a minha ovelha que estava perdida!'. Eu vos digo: assim haverá no céu alegria por um só pecador que se converte, mais do que por noventa e nove justos que não precisam de conversão.
>
> (Lc 15,3-7)

Em torno do NT

O que é um bom pastor?

"Eu sou o bom pastor", diz Jesus. "O bom pastor dá a sua vida pelas suas ovelhas."

Ovelhas e pastores aparecem frequentemente no Novo Testamento. E também no Antigo Testamento, em que são associados a Deus, que, como bom pastor, cuida de seu povo.

No tempo de Jesus, os pastores e os agricultores conviviam pacificamente. Muitas vezes os agricultores também criavam animais. Na terra que os agricultores não estavam ocupando no momento, ovelhas e cabras podiam pastar.

Na maioria das vezes, os membros mais jovens da família cuidavam dos animais, enquanto os mais velhos se ocupavam com o cultivo de cereais ou de hortaliças.

Quando a terra se tornava escassa, por causa das inúmeras guerras e ocupações, o relacionamento entre pastores e agricultores também ficava abalado. Sobretudo os nômades, que cruzavam a terra com seus rebanhos, tinham sempre mais dificuldade de encontrar uma pastagem apropriada. Ademais, os filhos dos pastores não podiam participar das aulas na sinagoga porque, durante várias semanas do ano, passavam de um lugar a outro, de uma pastagem a outra. Assim, os pastores se tornaram um grupo socialmente marginalizado.

O trabalho dos pastores consistia também em defender as ovelhas contra os ataques dos predadores. Até o século I d.C. havia até mesmo leões em Israel. Os ursos também representavam perigo. Como arma contra os predadores, os pastores dispunham de fundas. Portanto, um bom pastor tinha muito o que fazer se quisesse cuidar de seu rebanho.

Conheça o NT

Por que Jesus teve de morrer?

Nos quatro Evangelhos, a descrição dos últimos dias de Jesus ocupam bastante espaço. Narram detalhadamente que ele sabia que sua morte era iminente. Em uma quinta-feira, à noite, fez uma última refeição com seus discípulos. Durante essa refeição explicou-lhes que sua morte teria uma importância especial. É que, através dela, ele, que jamais fizera algum mal, iria assumir as culpas de toda a humanidade. Assim, Jesus, com sua morte, assumia livremente sobre si todo o mal do mundo e afastava tudo o que se interpunha entre as pessoas e Deus. Com isso, inaugurava um novo espaço para a amizade entre Deus e a humanidade.

Esta última e significativa refeição de Jesus com seus discípulos é rememorada pelos cristãos no mundo inteiro, até hoje, quando, na liturgia, celebram a Eucaristia e a Ceia do Senhor. Aí comemoram o estabelecimento da nova aliança de Deus com a humanidade.

Como Jesus morreu?

Poucas horas depois da ceia, Jesus foi preso. Um de seus discípulos, Judas, havia dado aos inimigos de Jesus a indicação decisiva acerca de onde podiam encontrá-lo. Os adversários de Jesus em Jerusalém, os líderes religiosos de seu próprio povo, viam nele e em sua mensagem um perigo para a posição social que possuíam. Queriam se livrar definitivamente de Jesus. Para isso, qualquer meio lhes parecia correto. Então, fizeram um processo contra ele, no qual não tinha a menor chance. Depois de um interrogatório, formularam uma pesada acusação contra Jesus e, no dia seguinte, entregaram-no ao governador romano, pois era o único que podia pronunciar sentenças de morte.

O procônsul Pôncio Pilatos condenou Jesus como agitador. Mandou que os soldados o flagelassem e o executassem diante dos muros da cidade. Jesus mesmo teve de carregar a trave horizontal de sua cruz pelas ruas de Jerusalém até o lugar da execução, o Gólgota. Ali, entre dois criminosos, foi crucificado. Jesus morreu três horas mais tarde, depois de uma torturante agonia.

Tiraram, então, seu cadáver da cruz e o puseram em um túmulo de pedra.

Conheça o NT

Como eram sepultados os mortos no tempo de Jesus?

Conforme o ritual funerário judeu, o cadáver deve ser sepultado imediatamente depois de constatada a morte, se possível ainda antes do pôr do sol (Dt 21,22-23). Os cuidados para com os mortos são considerados uma das mais sublimes ações, pois, para tais gestos, não há nem recompensa nem gratidão da parte do morto.

No sábado não se podia sepultar, por isso, depois da morte de Jesus, José de Arimateia pediu ao governador Pilatos o cadáver, a fim de que pudesse sepultá-lo ainda antes do sábado.

Por conseguinte, Jesus foi colocado num túmulo feito em uma gruta. Os mortos eram frequentemente untados com unguentos e óleos perfumados. Assim, os odores da decomposição ficavam disfarçados, pois os túmulos eram utilizados muitas vezes para outros sepultamentos.

> José, tomando o corpo, envolveu-o num lençol limpo e o colocou num túmulo novo, que mandara escavar na rocha. Em seguida, rolou uma grande pedra na entrada do túmulo e retirou-se.
>
> (Mt 27,59-60)

Conheça o NT

O que significa a Ressurreição?

No terceiro dia depois da morte de Jesus, em um domingo, algumas mulheres que tinham sido seguidoras fiéis de Jesus, quiseram visitar seu túmulo. Mas o que viram deixou-as assustadas: o túmulo estava vazio e o cadáver havia desaparecido. Um anjo, porém, anunciou-lhes: "'Vós não precisais ter medo! Sei que procurais Jesus, que foi crucificado. Ele não está aqui! Ressuscitou, como havia dito!" (Mt 28,5-6).

Estas mulheres foram as primeiras a transmitir a mensagem cristã da ressurreição de Jesus, ou seja, que ele não permaneceu na morte, pois foi ressuscitado, por Deus Pai, para uma vida nova.

Os Evangelhos narram que Jesus, depois de sua ressurreição, apareceu ainda a muitas outras pessoas. Ele lhes assegurava que estaria disponível para todas as pessoas que cressem nele. A seguir, subiu ao céu, para junto de Deus Pai.

Para os cristãos do mundo inteiro, a fé na ressurreição de Jesus é uma grande esperança. Os cristãos estão convencidos de que, com a morte, nem tudo chega ao fim. E têm confiança de que, um dia, haverão de ressuscitar juntamente com Jesus. Tal esperança infunde-lhes confiança e vigor quando veem pessoas amadas sofrer e morrer.

Conheça o NT

O que celebramos na Páscoa?

Dentre os dias festivos cristãos, a Páscoa é a festa mais antiga e mais importante. Mas também as semanas que precedem a Páscoa, chamadas de *Quaresma*, são extremamente significativas.

O Domingo antes da Páscoa se chama *Domingo de Ramos*. Nesse dia recordamos como Jesus entrou em Jerusalém acompanhado pelo júbilo de muitos de seus seguidores. Uma vez que, conforme a narrativa dos Evangelhos, a entusiasmada multidão agitava ramos de palmeira, nesse domingo, na Igreja Católica, abençoa-se ramos e fazem-se procissões.

A *Sexta-feira da Paixão* tem caráter bem diferente: nela se recorda a morte de cruz de Jesus. É um dia de penitência e de jejum. O mesmo se pode dizer do dia seguinte, o *Sábado Santo*, no qual, na quietude e no silêncio, se reconstitui, na oração, o repouso de Jesus no sepulcro.

Contudo, a seguir vem o dia da jubilosa transformação: o *Domingo de Páscoa*. Alegres e agradecidos, os cristãos celebram o dia da Ressurreição de Jesus. A *Festa da Páscoa*, com sua liturgia, com todas as suas solenidades e ritos, está decididamente marcada pela vida que acaba de surgir, como dom de Deus.

Conheça o NT

Como surgiram as primeiras comunidades?

No Novo Testamento, depois dos quatro Evangelhos, segue-se outro livro narrativo: os *Atos dos Apóstolos*. Ele descreve como os apóstolos, os mais íntimos amigos de Jesus, passaram adiante a mensagem cristã. A difusão da Boa-Nova começou em Jerusalém e, a partir dali, chegou a todas as nações do mundo.

No ponto central dos Atos dos Apóstolos se encontram as experiências dos apóstolos. Eles foram enviados por Jesus a fim de anunciar o Evangelho em todo lugar. Os mais importantes dentre eles foram Pedro e Paulo.

O Livro dos Atos dos Apóstolos foi escrito pelo evangelista Lucas. É assim que ele inicia este livro sobre os começos da Igreja:

> No meu primeiro livro, ó Teófilo, tratei de tudo o que Jesus fez e ensinou, desde o começo até o dia em que foi elevado ao céu, depois de ter dado instruções, pelo Espírito Santo, aos apóstolos que havia escolhido.
>
> (At 1,1-2)

Pedro · Filipe · Simão · Tadeu

João · Mateus · Matias · Tomé

70

Conheça o NT

Como surgiu a Igreja?

No início dos Atos dos Apóstolos narra-se a respeito de um acontecimento significativo. Conta-se como os discípulos de Jesus experimentaram a força estimuladora, fortalecedora e arrebatadora do Espírito Santo. Até hoje os cristãos celebram este acontecimento dos discípulos como Festa de Pentecostes e como momento do nascimento da Igreja.

Depois de Jesus ter subido ao céu, os discípulos se reuniram para um encontro. De repente, vindo do céu, ouviram ribombar algo como uma forte tempestade e viram que línguas de fogo desciam sobre eles. Todos ficaram cheios da força do Espírito Santo, que lhes deu coragem de sair e de dar continuidade à obra de Jesus sobre a terra. Imediatamente, Pedro, o primeiro dos apóstolos, começou a pregar publicamente em Jerusalém. E obteve tamanho êxito com isso que, em Jerusalém, sob sua orientação, surgiu a primeira comunidade: a comunidade primitiva.

Para que Jesus precisou de apóstolos?

Os Evangelhos narram que Jesus escolheu 12 dos seus discípulos, que deveriam apoiá-lo no anúncio da alegre mensagem. Os 12 eram: Simão, a quem chamou Pedro; André, seu irmão; Tiago e João; Filipe; Bartolomeu; Mateus; Tomé; Tiago, filho de Alfeu; Simão, o zelote; Judas, filho de Tiago; e Judas Iscariotes. Numa eleição supletiva, mais tarde se escolheu Matias como décimo segundo apóstolo, para substituir Judas, que traiu Jesus.

Ao primeiro dos apóstolos, Simão, Jesus deu o nome grego de "Petrus", que quer dizer "pedra". Sobre ele Jesus queria edificar sua Igreja. Paulo exerce um papel especial entre os apóstolos. Embora não tenha conhecido Jesus quando vivo, sentia-se também expressamente chamado a ser apóstolo.

André

Bartolomeu

Tiago Maior

Tiago Menor

Por que Paulo escreveu tantas cartas?

Paulo, um judeu de Tarso, era um homem piedoso e culto. Em sua vida deu-se uma transformação crucial: inicialmente perseguiu os cristãos. Depois que Jesus ressuscitado lhe apareceu, ele próprio se tornou cristão convicto. A partir de então, empenhou-se, como ninguém, na difusão do Evangelho entre os pagãos. Empreendeu amplas viagens missionárias – por exemplo, para a Ásia Menor e para a Grécia. Nessas viagens Paulo fala a diversas pessoas a respeito de Jesus. Em muitas das cidades que visitou, fundou comunidades cristãs. Por isso, às vezes, é chamado de *Apóstolo dos Povos*. A fim de manter contato com as comunidades, quando mais uma vez prosseguia viagem, escrevia-lhes cartas. Nessas cartas encorajava na fé os líderes das comunidades. Instruía-os e advertia-os, e infundia-lhes coragem e confiança quando se sentiam inseguros. Cada uma de suas cartas finaliza com uma saudação muito cordial, na qual ele deseja aos cristãos a bênção de Deus:

A graça do Senhor Jesus Cristo, o amor de Deus e a comunhão do Espírito Santo estejam com todos vós.

(2Cor 13,13).

Todos os cristãos tinham, no começo, um amigo de correspondência?

Através da comunidade primitiva judeo-cristã de Jerusalém, liderada por Pedro, e por meio das viagens missionárias de Paulo, a Igreja cristã se espalhava sempre mais pelo Império Romano. Sobretudo através das comunidades fundadas por Paulo surgiu, na região norte do mar Mediterrâneo, uma verdadeira rede de comunidades.

A maioria das cartas reunidas no Novo Testamento provém do Apóstolo Paulo e de seus discípulos. Mediante tais cartas, queriam introduzir suas comunidades, que muitas vezes ficavam distantes, na fé em Cristo. Quando havia problemas na comunidade, procuravam ajudar. E quando as comunidades tinham de padecer perseguições e exclusões, os escritores das cartas infundiam coragem nos líderes das comunidades.

Importantes cartas de Paulo foram endereçadas, por exemplo, às comunidades de Tessalônica, Filipos, Corinto e Roma. Eram tão significativas e valiosas, que as comunidades as mantinham bem conservadas e voltavam a lê-las sempre de novo.

As sete últimas cartas do Novo Testamento não foram escritas por Paulo ou por seus colaboradores. Elas provêm de outras pessoas ilustres do Cristianismo primitivo. A quem eram destinadas originalmente, já não se pode dizer exatamente. De qualquer maneira, porém, também são importantes testemunhos acerca da vida e da fé da Igreja nascente.

Paulo estava apaixonado?

Famosa é a passagem epistolar na qual Paulo escreve sobre a natureza e o poder do amor.

O amor a que Paulo se refere é o amor de Deus. Os crentes devem se unir nesse amor divino e transmiti-lo a todas as outras pessoas. Quando Paulo escreve acerca do amor, não está pensando necessariamente em uma mulher específica. No entanto, vários casais de noivos escolhem a passagem bíblica a seguir para a liturgia de suas núpcias. Com isso, querem indicar que seu amor está sob o amor de Deus e, ao mesmo tempo, é expressão do amor de Deus para com a humanidade.

> Paulo escreve:
> Se eu gastasse todos os meus bens no sustento dos pobres e até me entregasse como escravo, para me gloriar, mas não tivesse amor, de nada me aproveitaria. O amor é paciente, é benfazejo; não é invejoso, não é presunçoso nem se incha de orgulho; não faz nada de vergonhoso, não é interesseiro, não se encoleriza, não leva em conta o mal sofrido; não se alegra com a injustiça, mas fica alegre com a verdade. Ele desculpa tudo, crê tudo, espera tudo, suporta tudo. O amor jamais acabará. As profecias desaparecerão, as línguas cessarão, a ciência desaparecerá. Com efeito, o nosso conhecimento é limitado, como também é limitado nosso profetizar. Mas, quando vier o que é perfeito, desaparecerá o que é imperfeito. [...] Atualmente permanecem estas três: a fé, a esperança, o amor. Mas a maior delas é o amor.
>
> (1Cor 13,4-10.13)

Conheça o NT

Por onde andou Paulo?

No mapa a seguir podemos ver diversos lugares por onde Paulo viajou e a cujas comunidades escreveu cartas.

No final de uma longa viagem missionária, por volta do ano 58 d.C., ele chegou a Jerusalém, a fim de entregar à comunidade primitiva local uma grande coleta de dinheiro. Com acusações duvidosas, foi aprisionado ali por adversários do Cristianismo, pois a difusão da fé se tornara, entrementes, totalmente indesejável no Império Romano. Depois de um longo aprisionamento em Cesareia, foi levado como prisioneiro para Roma. Também ali, por algum tempo, pôde anunciar a alegre Boa-Nova, antes de, finalmente, por volta do ano 64 d.C., ter sido condenado e decapitado.

Conheça o NT

O que diz a Bíblia sobre o futuro?

O último livro do Novo Testamento e, portanto, de toda a Bíblia, é o *Apocalipse de João*. Trata-se de um escrito que contempla, em magníficas imagens e visões, o futuro do mundo e da humanidade. Falamos, portanto, de *Revelação*, quando Deus, de maneira maravilhosa, transmite mensagens a pessoas escolhidas. Em tais mensagens, torna-se evidente o que anteriormente estava oculto.

O *Livro do Apocalipse* foi escrito entre os anos 90 e 100 d.C., por um profeta cristão andarilho, chamado João, que foi exilado na Ilha de Patmos, quando, então, recebeu de Deus uma série de visões que escreveu em seu livro.

Nas visões se narram acontecimentos no céu e eventos futuros sobre a terra. Discorre-se sobre o fim caótico do mundo antigo e a irrupção de uma nova e feliz era, que Deus realizará. Tais relatos contêm símbolos e imagens enigmáticos, por isso não são fáceis de entender. No entanto, o testemunho fundamental das visões é claro: no fim cessará todo o mal do mundo, e o bem vencerá. O domínio de Cristo prevalecerá. E Deus fará surgir um novo tempo, que será um período de completa felicidade.

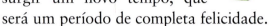

Conheça o NT

Existe solução para os enigmas do Apocalipse de João?

O Apocalipse de João está repleto de símbolos, imagens e indicações numéricas. O número *12* serve como exemplo apropriado. Os primeiros cristãos conheciam o 12 como o *número da perfeição* e da completude. No Livro do Gênesis consta que o patriarca Jacó tivera o número perfeito de filhos: a saber, 12. O povo de Israel, como povo escolhido por Deus, tem um número ideal de tribos: exatamente 12. E o número dos discípulos chamados por Jesus também aponta para esta perfeição: precisamente 12.

Naquele tempo, com o número *12*, portanto, podia-se exprimir que algo é *pleno e completo*, sim, nada menos que *perfeito*. Nesse sentido é que tal número também aparece no Apocalipse de João. Na descrição da cidade celeste vindoura, mediante a frequente repetição desse número, visualiza-se que, no que tange à nova Jerusalém, trata-se da mais perfeita e salvífica de todas as cidades possíveis:

> "[A cidade] Estava cercada por uma muralha grande e alta, com doze portas. Sobre as portas estavam doze anjos, e nas portas estavam escritos os nomes das doze tribos de Israel. Havia três portas do lado do oriente, três portas do lado norte, três portas do lado sul e três portas do lado do ocidente. A muralha da cidade tinha doze alicerces, e sobre eles estavam escritos os nomes dos doze apóstolos do Cordeiro" (Ap 21,12-14).

O que aconteceu depois com o Cristianismo?

Depois do tempo dos apóstolos e do surgimento das primeiras comunidades, o Cristianismo se difundiu de maneira extraordinariamente rápida por todo o Império Romano. Especialmente responsáveis por essa ligeira propagação eram os cristãos que andavam muito pelo país: soldados que se haviam tornado cristãos, funcionários transferidos e caixeiros-viajantes que atravessavam o Império. Além do mais, havia cristãos missionários itinerantes. Todos eles contavam a seus semelhantes a respeito de sua fé. E um número sempre maior de pessoas aderia ao Cristianismo.

Um fato decisivo para o Cristianismo aconteceu no começo do século IV d.C.: a partir do ano 312, o então imperador romano Constantino se dedicou sempre mais ao Cristianismo. Ele permitiu a religião cristã em seu Império. Nos séculos seguintes o Cristianismo foi elevado até mesmo à categoria de religião oficial do Estado.

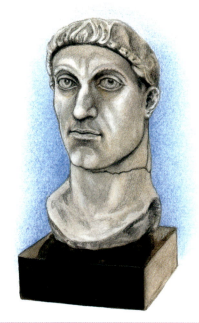